三力教育

一个中学校长的坚守与探索

吴先知 著

长江出版传媒

崇文书局

吴先知

1963年3月出生。中学高级物理教师，享受政府特殊津贴的湖北省名校长。在湖北省省级示范高中江汉油田广华中学担任校长14年，精思锐进，首创"双生长"管理理念，倡导"三力"教育，把一个地处偏远的矿区学校打造成英才辈出、办学特色突出的荆楚名校，学校被北京大学、清华大学等高校授予"优质生源基地"。被教育界誉为"有独特办学思想、深厚群众基础、深受教师和学生爱戴的优秀校长"。

"睁着眼睛" 做校长

我的老同学吴先知是一个奇怪的人。

他在江汉平原一个不起眼的小镇做校长，小镇距离县城还有三十多里地，生源瓶颈可想而知。一般来说，这样的学校偶尔冒出个把清华、北大之类的名校生，校长都要昂着头，"其喜洋洋"矣！先知同学任职广华中学校长期间，广华中学考上北大、清华、哈佛等名校的学子频出。2020 年、2021 年高考，更是锦上添花。2020 年广华中学一个文科班出了两个北大才子，其中一位同学名列湖北省前五名；2021 年该校一名物理类考生裸分名列全省前六名。学校门口挂着清华等各类名校"优质生源基地"的牌子。可是，我们的老同学却总是眉头紧锁，两眼瞩望前方，有所思，有所愁。

"目前，咱们的教育需要我们去做的事情还太多太多，我真的没办法在孩子们的疾苦面前闭上眼睛。"老同学如是说。

我们不以为然："学生除了学习，啥也不用操心，苦啥？"

他说："苦就苦在学生被排斥在生活之外。教育即生活，生活即教育。只需要考虑学习，生命无担当；只能考虑学习，生命缺乏乐趣和个性。既无担当又无乐趣，如果学习成绩总是达不到家长的要求，那就毫无成就感，一身疲惫，满心无助。难道受教育就是为了给家庭和社会制造一批不能担当、不愿担当的失败者？"

"那，学习成绩优秀的同学，内心应该不苦了吧？"我们接着追问。

老同学眉头深皱："如果仅仅关注成绩这一个维度，容易培养'空心人'，或者没有丰富内心世界、过于单纯的'玻璃人'，或者没有终身学习愿望及学习能力的高分低能者，或者没有家国情怀和道德担当的精致利己主义者……无论是从受教育者个人终身发展层面，还是从国家民族发展需求层面看，我们的教育者所要思考和担当的，还有很多很多啊！"

我"好心"劝告："你也不要太理想主义了，现在在小地方做校长，要明白家长的诉求，就是把孩子放到一个有培养名校生的能力和氛围的学校去集训。"

老同学激动起来："如果教育仅仅是这样，会催生多少焦虑的家长、疲于奔命的学生！学生应试能力越来越强，而国家需要的创新型人才、开拓型人才却并不能大批涌现……我们广华中学这么多年来推行'三力教育'，就是绝不把教育当手段！毋庸置疑，我们精心研究尖子生的个性化培养，前三名走了，前十名走了，或者更多的尖子生被掐尖了，我们照样把清北等名校生培养出来。这就是我所带领的教育团队的底气。但是我们的教育追求和教育内涵绝不仅仅止于此。我们培养出名校生仅仅是为了获得话语权，我们要在有话语权的基础上，更加扎实地回归教育的本质，做真的教育，有格局的、有内涵的真教育。"

老同学吴先知，半生践行党的教育方针，倡导"尊重生命·启迪智慧·富贵灵魂"的办学理念，提出"下学而上达·先忧而后乐"的校训，推行以"三力"（选择力、学习力、控制力）为着力点的"三力教育"，毫不夸张地说：上下求索，九死无悔。

他亲自驾车穿过乡间小路前往偏僻的油田前线，带大龄女教师和工作繁忙的井队技术员相亲，为的是把孩子们热爱的女教师留在油田教育这片热土。老教师家里有麻烦事，第一个念头就是给校长打电话。老师本人或者家人急症，大多数时候是校长开车送诊的，所以他出现在医院急诊室大家已经见怪不怪。已经为了"爱情"辞职改行的年轻小伙，在经历了生活的磨砺之后，有了"回归"之意。校长上上下下为小伙跑编制，引导小伙在教育事业上有所作为，并想尽一切办法为小伙留下符合其"审美"的实习女教师。终于，小伙获得第十四届全国中学物理青年教师教学大赛一等奖，同时收获了甜美的爱情。某教师性格冲动，多次当众顶撞甚至是"冒犯"校长，校长却始终把他放到重要岗位。"教师只要对学生好，就是我要尊重和重用的人！教师是特殊的群体，被尊重和欣赏是这个群体最基本的要求，这样他才能把人生的信念、理想的信念传递给学生。"

老同学的办公楼我去过多次，十多年来一直还是那般简陋，到了冬季，室内和室外没有温差，机关工作人员在办公室基本坐不住。老吴笑一笑："坐不住更好，多往教学楼跑一跑，看老师们同学们需要啥。"再看学校的教学大楼、图书馆、实验楼、信息楼、篮球场、健身房、体育看台、艺术楼、宿舍楼……一年一个样，尤其是耗时三年修建的学术报告厅和食堂，绝对是国内一流。我这个傻同学啊！为了改善办学条件，为了提升教师们的福利待遇，上下求索是他的常态，利用私人资源筹措资金也是常事，老师们都知道"校长化缘去了"。"每一个铜板都用到老师和学生身上。"老同学这样说的时候，目光坚定而纯粹。他不到十平方米的办公室里，老旧的空调噪声比制热效果强大。唯有满书架的教育书籍、各类人文图书以及那些书页里密密麻麻的批注，散发着"富贵气"。不远处的教学楼，每一个教室都有一前一后两个崭新的立式空调、一体化机普及的教学设备，学子琅琅的读书声以及兴致盎然探究知识的情景，让我们感受到这的确是一座现代化的有灵魂的教育圣殿。

"对于一个国家来说，先进教育方式的推进远远重要于高考分数的逐年攀升。"老同学人性化带教师队伍是为了唤醒教育者的激情与智慧，感召和带领他们以更人文更科学的方式去成就人。"为党育人为国育才"，在老同学的学校绝不是一句空话。

老同学 2003 年带领学校骨干教师做国家级课题，推进素质教育，获得国家一等奖；2011 年至 2013 年作为湖北省课程改革样板校负责人，他先后十余次在省级课题研讨会上做典型发言，在省教研所带领下，逐步把学校建设成校本研修制度完善并富有特色的学习型组织。这些年来，广华中学国家级一等奖获得者、省级优质课一等奖第一名获得者、湖北名师、特级教师应运而生。老师们说："刚开始，我们觉得吴校长真奇怪啊，他总是督促我们改变课堂教学方式，总是督促我们落实学生的自主学习空间和时间。人家好多学校是上级领导来检查才表演新课改课，吴校长却是主动自觉甚至是疯狂地抓'三力'课堂。后来，学生能力提升了，我们读懂了他。后来，各级比赛我们游刃有余，我们才明白我们已经在'三力'课堂中历练出来了。这就是吴校长倡导的师生双生长理念吧！"

是的，老同学吴先知是一个奇怪的人，多年来上下求索，多少迂回曲折都没有令他掉过眼泪，学生在新建的学术报告厅真情诵读爱国主义诗篇，激情演绎长征故事，却让他泪雨潸然；学生以全省前六名的高考成绩得到名校清华的垂青没让他志得意满，反而让他忧思满怀："孩子们是否将'先忧后乐'的校训融入精神骨血，终其一生是否能够摆脱利己主义的窠臼，成为党和国家需要的人才？"学校五十年校庆，市长亲自主持庆典，他发言不矜夸骄人的高考成绩，不再三感谢领导的扶持，却苦口婆心宣讲他的"三力教育"理念和内涵……傻得可爱的书呆子啊！

　　于是，我说："老同学，出本书吧！即便体系不全，理念也不高深，但你用双脚踏出来的那条荆棘之路、用心血铺就的忠诚之路定会感召更多的人回归教育本质，也算是你教育生涯的延伸吧！"老同学的双眼凝望着远方，他的眼神毫无岁月的沧桑与混沌，依旧那么清澈明亮。我想这就是四十年教育生涯永不磨灭的理想信念回馈给他的永恒的青春吧！

　　　　　　（王炎廷，北京大学固体力学博士，教授。现任三峡大学校长。）

目 录

文化底蕴篇

文化制度篇

探索前篇

理论构想篇

不畏浮云遮望眼　回归本真办教育
——广华中学"三力教育"办学思想解读

　　什么是校长最骄傲的时刻？是燕来啸同学以全省前五名（裸分）的成绩成为清华、北大等名校追逐的对象？不，最令我骄傲的是这样的时刻——无论是各大名校招生办，还是诸如《中国教师报》等知名媒体的记者，在和广中的学生接触以后，都纷纷用惊讶而又钦佩的语气点赞广中教育："我们见过太多学霸，广华中学的学生知识面之广，内心之强大，性格之阳光，尤其是家国情怀之真挚，实在让人对中学教育生出更多的信心和期待！着实羡慕油城矿区的孩子能够享受到这份优质的基础教育！"那么，广华中学的教育是如何做到既满足社区人民期盼孩子考上名校的朴实而刚性的需求，又契合国家层面、教育科学层面的考量，为学生终身发展奠基、为民族复兴大业培育人才的呢？

"汉水奔，油龙腾，广中兴"，五十载弦歌不辍，薪火相传。广华中学自肇兴之日起，几代教育人初心不改，发扬铁人精神，"三老四严"，实实在在办教育；"深钻精研"，始终勇立教育改革的潮头，做湖北省教育改革的排头兵。

然而湖北省省级示范高中成功申报并顺利复评之后，广中发展迎来更加严峻的挑战。国企分流，油田单位科研院所外迁，优质生源随之外流，愈演愈烈的教育竞争，层出不穷的各种教育新名词新流派……令教育人压力倍增。

怎么办？我们的回答是"不畏浮云遮望眼，回归本真办教育"。我们不断丰富教育内涵，努力提升办学品位，着力深化课程改革，全力打造荆楚教育品牌。我们与时俱进，为"求是创新和谐发展"的办学理念，赋予"尊重生命·启迪智慧·富贵灵魂·和谐发展"的深刻内涵；确立学生培养目标——"培养具有真挚的爱国热情、具有强烈的承担意识、具有正确的价值理念、具有强大的内心世界、具有终身学习的愿望和能力的社会主义事业合格接班人"。近年来，又将学生培养目标简化为"三力"教育——"选择力、自控力、学习力"。这样方向更明确，也更响亮，易记。"三力"教育已经逐渐走进教师和学生的心里，形成了广中教育特色，是广中教育的闪亮名片。

在培养学生的学习力方面，我们把烦琐的课堂评价标准简化为"激趣·启思·助记"三个纬度，全力提升学生的学习力。基于学科核心素养和"元认知"策略的课堂教学改革的探索，广华中学从未停止脚步。用最贴近学生心灵和认知的情境化设计激发学科兴趣，既是一堂好课的起点，又是学生终身学习的新起点；在学生思维的最近发展区激疑启思，是一堂好课有效对标高考的保障，更是学生思维品质提升的保障；用思维导图、顺口溜、唱歌等手段帮助学生对显性知识进行网络式、抽屉式高效记忆，既为一堂"好课"编筐打结，又为思维进阶积累了必备知识。这样"知情意能行"的良性循环，是广华中学的学生学得快乐、学得轻松却又学得高效的秘密所在。燕来啸同学（2020年高考文科湖北省前五名）进入学习状态就欲罢不能，张鑫尧同学（现就读于北京大学）谈到在广中的学习生活："每一节课都像玩似的，特别开心。"

"三力"教育的课堂也是教师成才的摇篮。近年来，我校所有学科都有多人在全国或者全省优质课比赛中斩获一等奖。特级教师、湖北省数学名师廖支斌老师由衷地说："现场授课比赛我游刃有余，得益于吴校长一次次把我们推进课堂改革的探索和实践中。""三力课堂是我们青年教师成长的快车道。"青年教师郝艳超（2021年获得湖北省"好课堂"第一名，2022年10月代表湖北省参加中国物理学会组织的全国总决赛斩获一等奖）如是说。

同时，"选择力、控制力、学习力"的培养也形成一个良性的闭环。立德树人，为国育才。广华中学的德育特色是"感性的""柔软的"，基于"对生命的尊重，对个性的包容，对灵魂的丰富"，我们用辩论、话剧、歌舞、诗朗诵、讲故事、社会实践、生涯规划、选修课、拓展课程、兴趣社团等学生喜闻乐见的形式，让学生在情感体验、思维碰撞、情境熏陶中自主选择和判断，形成正确的价值观，浸染家国情怀。道德理想和人生理想的践行，都需要强大的内驱力。而强大的内驱力，来自自主的选择和目标。同时强烈的学习兴趣和终身学习的愿望，以及高品质的学习力，又促进选择力的提升。周而复始，选择力促进自控力，自控力推进学习力，学习力又提升选择力……就是"三力教育"的良性循环。

一生二，二生三，三生万物。大道至简，"豪华落尽见真淳"，"三力教育"是回归教育本真的至简表达。同时，也是广中几代教育人忠诚教育、锐意改革的智慧结晶。

"不畏浮云遮望眼，自缘身在最高层。"五十春秋，探索精进初心不改；千秋伟业，为国育才矢志不渝。无论前路尚有多少功利的阴霾，多少艰辛的挑战，我们广中教育人必将登高望远，回归教育本真，全心全意办社区人民满意的教育，俯身倾情为中华民族伟大复兴培育合格人才、卓越人才。

（原文发表于《湖北教育》2021年第1期，选入本书时有改动）

"三力"教育

——新高考背景下的高中教育教学改革探索

高考招生方案和命题方案改革了。新一轮高考改革的目的是什么？我们该如何借此东风回归教育本真，提升教学品质？这是摆在教育工作者面前的课题。

首先我们要明确，高考招生和命题改革的出发点和目的是什么。高考综合改革中英语一年两考、取消文理分科、自选三科、综合评价、多元录取、取消本科招生批次等举措，增加了学生的选择机会和高校的招生自主权，也将倒逼基础教育改革：进行课程改革、课堂教学改革、学生评价制度改革、学校管理制度改革等。

高考命题方向发生了怎样的变化？

新高考命题发展方向：凸显对核心素养的考查。具体有以下几点：

1. 体现"一点四面"的基本原则。

2.文综注重考查学生的价值判断和选择能力。

3.高考评价体系的初步形成——"一体四层四翼"。

4.高考评价体系的进一步完善——"一核四层四翼"的呈现。

5.高考评价体系的运用。

6.高考对中华传统优秀文化的传承。

7.高考对创新能力的考查（创新思维——思维广度即发散性，思维深度即收敛性；创新实践能力——实验类，现实生活的问题，课题类创新实践能力）。

8.命题设计"情境化"。

我是这样理解国家下决心改革高校招生制度和命题方向的意义的。德育方面是凸显我国育人目标：全面贯彻党的教育方针，落实立德树人根本任务，发展素质教育，推进教育公平，培养德智体美全面发展的社会主义建设者和接班人。学科素养方面是要改变过去以知识为中心的培养模式，要注重培养学生学科兴趣，提升学科素养，促进学科融合，着重考查学生在真实复杂的生活生产情境中思考问题解决问题的能力。试图用考试内容和方式的改变，来倒逼教育教学回归育人本质，改变育人方式。

事实证明，近三年来，抱残守缺，抱着"讲授知识，讲解习题，大量刷题"模式不放的应试教育，在新高考面前吃了大亏。

广华中学早在四年前，就针对高考招生制度做了以下几个方面的工作：其一，不断深化课程改革，探索学籍制度变革，形成走班教学，构建教学新常态；开展生涯规划教育，提高学生的选择能力。其二，完善学生评价制度，改善综合评价方式，从思想品德、学业水平、身心健康、艺术素养、社会实践等方面做出客观准确的判断，并把综合素质测评档案提供给高校作为录取学生的重要参考。其三，探索教育教学管理体制改革，改善考核制度，创新教学管理，提高教师教学能力和水平，同时，高度重视提高教师开发学生兴趣课程和挖掘学科潜力的能力。其四，转变教育思想观念，以学生为本，研究学生的差异性，尊重学生的选择权，鼓励学生发展兴趣特长。其五，开展以慕课、翻转课堂、微课堂等为代表的互联网教育，以及重实践、跨学科的 STEAM 教育，应用虚拟现实技术（VR）和人工智能技术。此外，广华中学在推进课内与课外，校内与校外，学校与家庭、社区的资源整合，共同推进教育进步方面也做了大胆而有效的尝试。

然而，这是远远不够的。高中教育改革，并不是简单的应试教育和素质教育之选，必须慎之又慎地探索一条既不有悖于国家育人方向又有利于提升学生学习力的道路。广华中学创造性开展的"三力"教育便是这样一条有益的实践之路。

何为"三力"教育？

多年来我一直在思考，我们的教育要关注和培养学生具备哪些关键能力。

2017 年，中共中央办公厅、国务院办公厅印发了《关于深化教育体制机制改革的意见》，明确提出"要注重培养支撑终身发展、适应时代要求的关键能力。在培养学生基础知识和基本技能的过程中，强化学生关键能力培养"，并进一步指出要培养四种关键能力，即认知能力、合作能力、创新能力、职业能力。

近些年来，我研究了很多企业用人标准，发现对人的能力要求主要集中在学习力（终身学习的愿望和能力）、选择力（价值判断力、道路选择力等）和自控力（意志力、自我管理能力、时间管理能力、情绪管理能力等）三方面。如果用机车来比喻，方向盘是选择力（转向系统）；自控力是刹车（制动系统）；学习力是发动机（动力系统）。因而，广华中学用这三个关键能力简洁概括新高考背景下的教育教学关键着力点和学生培养目标。

下面，针对这三方面能力的培养，我来具体分析。

一、自控力的培养

广华中学倡导民主、平等、自主的班级文化，让学生在个性被接纳、心灵被尊重的氛围中，书写规则，守护规则，在自律中学会自我管理、自我控制、自我成长。

自控力的核心，就是尊重每一个成长主体，尊重其自主权，为其创设民主温馨的成长氛围。广华中学每一个班级的班规、班级发展目标、个人成长守则和目标，都是学生自己做主制定的。经过个人提案、小组提案形成班级草案，再通过讨论达成共识，最终上墙集册入心。

几十个性格个性不同、思维特质各异的生命体，美美与共、和谐共生在一个有爱、有关怀、有自律的班集体里，按照各自的节律收获着奋斗与成长。我们希望每位同学都在广华中学留下温馨美好的记忆和无怨无悔的奋斗足迹。

冰冷的铁律、功利的氛围，看似高效却没有人文气息，不利于人的终身发展和人格塑造。反之，广华中学感性的、柔软的德育方式，看似见效慢，但却有利于学生的自主建构和终身发展。

二、选择力的培养

广华中学创设各种伦理情境，让学生在角色扮演、情感体验、换位思考等过程中去感知，去选择，去判断。

从教育学的角度来看，德育过程是学生思想品德的道德认识、道德情感、道德意志、道德行为提高的过程。道德认识是人们对是非、善恶的认识和评价，以及在此基础上形成的品德观念，是学生品德形成的基础；道德情感是学生产生品德行为的内部动力；道德意志是调节学生品德行为的精神力量；道德行为是衡量品德水平的标志。

德育过程的一般顺序可以概括为：提高道德认识、陶冶道德情感、锻炼品德意志和培养品德行为习惯。德育过程一般以知为开端，以行为终结。但由于社会生活的复杂性、德育影响的多样性等因素，在德育具体实施过程中又具有多种开端，可根据学生品德发展的具体情况选择适当的开端。作为教师，应意识到品德的构成要素具有多种开端，做到根据不同学生的特点因材施教。

"千教万教教人求真，千学万学学做真人。"教育家陶行知的箴言堪为我们每一个教育工作者的座右铭。广华中学强调德育的感性、柔化，追求"润物细无声"的美好育人境界。我们坚持利用班会课、思政课、语文大阅读课堂、选修课等阵地，开展学生喜闻乐见的活动，如主题辩论会、主题演讲、主题班会、社会实践、情景剧演绎、生涯规划讲座、招聘现场模拟、道德法庭模拟、联合国大会模拟等，其目的都是为了创设真实的德育情境，促进学生在自主体验和自主教育中形成德育认知，引发情操陶冶，从而唤醒其内在的动力，去选择，去判断，去完成意志品质的锤炼和道德的实践。

三、学习力的培养

我们重温高考命题变化的一个关键词"真实情境"。何为真实情境？真实的情境即学生现实生活中熟悉的实际问题或者是已有知识背景、理论和历史、生产经验。什么是新高考提倡的有价值的问题情境呢？1.新颖的情境：巧妙的、陌生度高的、与时俱进的、隐蔽性强的。学科问题隐含在其中，隐含得越隐蔽效果越好。这就能防止盲目刷题的应试手段的滥用。2.需要将品质思维能力、高品位的高阶思维迁移到问题情境中。这就体现了高考的选拔功能。3.基于情境的知识才是有效的知识，要与生产生活相结合才能解决问题。

　　情境化试题给考生呈现真实的、适当加工或抽象的情境，考查学生的高阶认识能力。

　　情境化试题扩大了素材的选取范围（尤其关注当代科技成果），这就要求教师和学生要从狭窄的书本知识中解放出来，关注生产和生活，关注前沿科学成果。这也符合我们为党育人、为国育才的理念，也更能适应当前国际竞争和科技竞争大环境。

　　同时，情境化命题技术也是我们学科团队在考试研究中必须深入探究的。高考情境化命题技术当前有如下几个着眼点。1.选材：新旧知识点交汇处命题。2.情境呈现方式：多元化混合文本。3.设问更加开放（半开放性、完全开放、选择性开放）。4.情境类别：简单情境类、一般情境类、复杂情境类、挑战类复杂情境问题。5.命题的结构化与综合化（因为在网络信息时代，结构化、网络化的知识才是有用的知识。所以高考信息量不断加大，文字／图片包含的信息读取难度不断加大）。

　　鉴于此，我们把烦琐的课堂评价标准简化为"激趣·启思·助记"三个维度，全力提升学生的学习力和教师的研究能力、实践能力。基于学科核心素养和元认知策略的课堂教学改革的探索，广华中学也从未停止脚步。我们强调用最贴近学生心灵和认知的情境化设计激发学科兴趣；我们的课堂始终致力于创设与生活（文科）生产（理科）贴近的真实而复杂的情境，在学生思维最近发展区激疑启思，将高阶思维与情境对接；教师们各尽所能用思维导图、顺口溜、唱歌等手段帮助学生对显性知识进行网络式、抽屉式高效记忆……这是广华中学学生学得快乐、学得轻松却又学得高效的秘密所在。

当前，无论是高校招生制度的改革，还是高考命题方向的变革，所体现的都是我们伟大的中国共产党对人才培养方向的正确判断和英明选择。无论前路有多少艰难险阻，我们广中教育人都将尽心尽力，尽职尽责，捧一颗丹心为党育人，倾毕生智慧为国育才。

做有"选择力"的教育
育有"幸福力"的新人

人本主义心理学先驱阿德勒这样描述"选择"对人生的意义:"人在所有情境中都需要有选择的可能性。如果一切都已经被决定,我们连做选择的余地都没有,那我们也失去了活着的目的和美好。"

作为一个教育工作者,我目睹了太多"被设计和被安排的人生"所引发的遗憾与痛苦,责任心驱使着我努力探索在教育中如何赋予学生选择的权利,并有效提升学生的选择力。

一、不培养"空心人",把选择的权利还给学生

何为"空心人"?北大心理学教授徐凯文指出这样的现象:内在的主体感和意义感的缺乏,使得部分学生即使取得高分,也丧失了内在的生命活力和动力。徐教授在微博中写道:一个高考状元在接受采访时说,"这 19 年我感觉自己活在一个四分五裂的孤岛上,我不知

道自己在干什么，要得到什么，时不时恐惧来袭。19年没有为自己活过，没有真正地活过。很有可能随时放弃生命……"

2021年3月，学霸张一得在美国自杀。他父亲的公众号在广州很有名气，十多年来硕果累累的张一得一直是广州学生的学习榜样，辞职专注于培养儿子的"一得的父亲"更是广大家长热捧的对象。心理学专家推测：以张一得为代表的所谓"精英学霸"，最大的问题就是在父母和学校教育的"安排设计"下，从没有过自己的选择空间和意愿表达，他们是"空心"的，很容易走向极端，更罔谈获得人生幸福。

一些走向极端的青年，他们缺乏选择力的人生悲剧是显性的。但一些隐性的悲剧在我们身边比比皆是，反而被熟视无睹，危害更大。比如很多青年研究生毕业就业时才发现自己对所学专业提不起兴趣，之前是父母做的选择，是一份把学业完成的责任和按部就班学习的"能力"，使他们坚持读了将近二十年书；现在才发现，所谓兴趣爱好、梦想幸福，都与自己不相干。人生是"空心"的，有的人坚持走完了一生，因为缺乏激情和创造力，这一生只能说是平庸寡味的；有的人重新选择了专业，但是不能不说至少本科和研究生的七年，造成了个人和国家各种成本的浪费。

把选择的权利还给学生吧！还学生一些个性发展的空间。广华中学一直扎扎实实开展选修课，开设学生社团和兴趣小组，为的是让个性的阳光照进成长的心灵，让学科兴趣的种子在心灵的土壤扎根；还学生一些时间安排的自由。广华中学学生每天在校时间中至少有三个小时的自理时间，晚自习九点多一点就放学，为的是让学生能够按照自己的能力、习惯、状态和节奏去自主安排。还学生一些学习方式的自由。广华中学提倡根据学生不同的性格气质、思维方式、学习基础，给予足够的空间让学生自己选择不同的学习方式、学习资料甚至是考试难易程度，等等。

也许有教师和家长会担心：选择，会让成长走弯路，尤其是延宕学习时间。但是如果无选择的学习过程，最终换来的是平庸寡味的人生，甚至是"空心"脆弱、危机四伏的人生，那么"欲速则不达"的古训是不是值得我们重温呢？两点之间在生活中永远不是直线最短。"如果任何一样东西是早已被决定好的，我们没有选择和改变的权利，那么人活着也就没有任何意义。每个人都在选择中成长，每一次的选择也会在一定程度上改变未来的轨迹。更多时候，选择的意义不在于结果，而在于选择的过程中自我有了成长，变得更勇敢，更有激情和期待。选择，就意味着变化，而变化正是人生有可能更丰富和精彩的前提。"阿德勒的这段话多么值得我们教育工作者和家长们三思。

当前，诞生于工业时代的古典管理学缺陷越来越凸显，它的哲学土壤——工业时代的上下次序、集权威压和流水线顺从已经发生深刻变化。

在世界的各个角落里，教育乏力情况明显——甚至竞争不过游戏。

教育竞争为什么如此乏力？在大部分教育改革的揭秘里，成功为什么相当罕见？

李希贵，北京十一学校联盟总校校长、海淀教育战略性人才培养基地主持人，他关于教育选择力的思考，值得我们每一个教育探索者深思：

"这是因为我们的校园里缺少了选择的同时，又过分夸大了教育的力量。在'都是为了孩子好'的外衣下，我们已经不太在意孩子们的真实感受和千差万别的需求。

"教育力量有限，需要尽最大可能创造一个可选择的校园。

"课程是可选择的——数、理、化、生按难度分层级设置，每个学生根据自己的基础状况和未来职业方向选择适合自己的层次；语文、英语等人文课程则分类设置，让有不同需求的学生可以各取所需。

"学习方式是可以选择的——既可以按常规要求天天在教室上课，也可以申请自修、免修或到书院里与同伴切磋。

"作息时间是可以选择的——午餐分两个时段，晚休有三个时间，一切皆可以以自己的习惯而定。

"当然，最为重要的是对自己未来发展方向的选择，通过组织职业考察和体验活动，让学生们慢慢学会认识社会、认识自我，理清自己将来的职业方向，而这一切又为他们选择课程提供了方向。"

当选择成为校园里的主题词的时候，思考便成为常态。每一名学生都无法回避对自己、对社会的追问，自我潜能、个人价值和社会责任像孪生兄弟一样一并问世，他们当然也能从中找到自己的尊严，抵制外来诱惑的免疫力也大为增强。我们可以这样设想：他们的心灵和灵魂在自主选择中得到滋养和充实，同时也激活了内在的生命活力，这恰恰是幸福人生的基础。

二、不培养"伪善者"和"精致的利己主义者"，甚至是"玻璃心的浪漫主义者"，让德育工作在自主体验、自主选择、自主判断中，更有实效性和人文性

广华中学的德育工作是感性的，柔软的，提倡创设"真情境"，引导"真体验"，形成自主的道德选择和价值判断。我们所警惕的就是"道德伪善"现象。

何为"道德伪善"？

道德伪善是生活中常见的道德现象，也是伦理学的一个研究课题。但在教育与道德教育理论和实践中，道德伪善却极少受到关注。心理学对道德伪善的理解可以概括为三个字：不一致。这种不一致又可分为两种情况，即道德声称与道德行为的不一致和对人对己道德行为评价的不一致。前者即俗话说的"说一套做一套"，也即王阳明所说的"知行不合一"。后者就是我们所说的"道德双标"和"道德绑架现象"。

在西方伦理思想史上，康德是第一个明确将虚伪和伪善置于一切其他恶行（如偷盗、抢劫、凶杀、奸淫等）之上而视为人性之"根本恶"

的哲学家。在他看来，伪善和自欺是派生一切其他恶之"根本恶"，因为在一切恶中，只有这种恶才是不视其后果而单视其动机就被判定为恶的。

历史上道德伪善的例子可谓多矣。篡位的王莽曾经伪装得何其"谦恭"；和珅年轻时善于逢迎，屡立战功，深受乾隆和朝臣信赖，及至高位，排除异己，敛财聚富，无所不为；"慷慨歌燕市，从容作楚囚。引刀成一快，不负少年头。"这首诗何其正气凛然，何其豪气干云，但是它的作者汪精卫却投敌叛国，甘当日军扶植的汪伪政权头目……不胜枚举的例子告诉我们，当"美德"可以作为向上攀爬的手段，顺杆而上的"猴子"就在所难免了。

什么样的教育方式最容易促成"道德伪善"呢？

说教、灌注、贴标签，这样的德育方式令人厌倦且收效甚微，最易导致学生的逆反心理。用"播种"来比喻，它所播撒的"美德"的种子，只是落在学生心灵土壤的表层，任何风吹草动都会让其"水土流失"。或者好不容易培养了一些玻璃心的浪漫主义者，追求完美的理想主义者，一旦遇到复杂的现实道德情境，美好的信念就不堪一击、土崩瓦解。而德育界自鸣得意的表扬、表彰和惩处手段，恰恰是培养"道德伪善"者的温床。人性趋利避害，为了获得肯定和利益，怎么做最简单？那就是——装给你看。

这就难怪钱理群教授痛心疾首地呐喊："我觉得我们现在的教育，

特别是我刚才说的，实用主义、实利主义、虚无主义的教育，正在培养出一批我所概括的'绝对的、精致的利己主义者'，所谓'绝对'，是指一己利益成为他们言行的唯一的绝对的直接驱动力，为他人做事，全部是一种投资。所谓'精致'指什么呢？他们有很高的智商，很高的教养，所做的一切都合理合法无可挑剔，他们惊人地世故、老到、老成，故意做出忠诚姿态，很懂得配合、表演，很懂得利用体制的力量来达成自己的目的。"网络上曝光的那个为了自己的前途，同时把四个男人耍得团团转的复旦女博士，知情人这样评价她："她非常清楚要什么，怎样得到，每一步都有完美计划……"多么可怕！更可怕的是，如果一大批所谓高智商、高情商的精英，以伪善的面孔、精妙的算计，把优质资源和国家公器把玩在股掌之中，后果多么不堪设想！

怎样的教育，可以对"道德伪善"现象和"德育低效能"现象有所遏制？

广华中学倡导的民主、平等、自主的班级文化，让学生在个性被接纳、心灵被尊重的氛围中，书写规则，守护规则，自律成长。

广华中学每一个班级的班规、班级发展目标、个人成长准则都是学生自己做主制定的：经过个人提案、小组提案形成班级草案，再通过讨论达成共识，最终上墙集册入心。

下面举两个有意思的真实例子。

故事1　三年如一日的"善"

班主任向永波班上有个学生，叫燕来啸。自请做劳动委员。每天课间，无论该不该他值日，他都一丝不苟地打扫班级和清洁区卫生。一个月如此，一个学期如此，一年如此。每学期同学们都推举他做道德风尚好少年。这引起向老师的警觉：小小年纪，如此"老成"，该不会有"道德伪善"的倾向吧？于是规定：班级永久性取消道德风尚好少年的评比和推荐。善，发自内心，不为牟利图名。老师继续观察，燕来啸把这个习惯一直保持到了高考前三天。布置完高考考场，同学们都收拾书包回去了，教室里只剩下向老师和燕来啸两个人。燕来啸背着沉重的大书包，站在凳子上，用砂纸把门后面的一块污迹仔细地擦掉。向老师让他回去好好休息，马上高考了。燕来啸说："没事的，老师你一个人忙不过来。"一个人坚持做一件好事，一年可能是伪善，三年，足以感天动地。燕来啸后来在接受记者采访时解释了自己的行为："学校提倡大阅读活动，我喜欢看二十四史，里面好多成大事的先贤，都会用坚持做一件有意义的事情的方式，来砥砺人格。我选择了扫一屋而扫天下的方式。"燕来啸后来在高考中以全省前五名的成绩，被北大历史系录取。为大家做事，砥砺人格，刻苦学习，都来自燕来啸内在的心灵体验和精神需求，而不是外界的灌注。做好事不是为了图名牟利，而是源于自我的内在精神需求。这才是真德育。

故事2 "已识天地大 犹怜芳草青"

班上有一个同学可以说得上是问题少年。习惯很差，严重影响班

22

级秩序。班委会忍无可忍，商讨要把他清理出去。班主任老师首先肯定了班委的主人翁意识和责任感，更点赞同学们志向的远大和自律意识的强大，接着说："已识天地大，犹怜芳草青。大家在认知和自律上先走一步，但是要怜悯和期待后进一步的同学。因为每个人的成长背景和认知基础有差异。在一个班级，就是缘分。任何同学被排挤被孤立，都是一个集体的屈辱。"同学们被教师诗一般的语言和情怀所感染，也慢慢懂得了包容、期待、善待的力量。后来这个班级有两个同学被北大录取，其他同学也都取得了自己理想的成绩。

广华中学强调德育的感性、柔化，追求"润物细无声"的美好育人境界。学校坚持利用班会课、思政课、语文大阅读课堂、选修课等阵地，开展学生喜闻乐见的活动，如主题辩论会、主题演讲、主题班会、社会实践、情景剧、道德法庭模拟等，其目的都是为了创设真实的德育情境，促进学生在自主体验和自主教育中形成德育认知，引发情操陶冶，从而唤醒其内在的动力去完成意志品质的锤炼和道德实践。

三、拒绝功利主义，优化育人环境，打造一支为党育人，为国育才，具有大格局、大胸襟的新时代教师队伍

教师们满怀激情，激励引导学生，在价值观形成的关键时期，选择做一个"大写"的人，一个有信仰的人，将个人的幸福与人民的幸福紧密结合，将个人的志趣融入中华民族伟大复兴的洪流。

教育是一朵云推动另一朵云，一棵树摇动另一棵树，是人格砥砺人格、灵魂唤醒灵魂的美好事业。广华中学首创"双生长管理"理念，创设富有激情和理想的学校文化，创设温馨而富有活力的师生成长共同体，激励教师同学生共同成长。

教师是一个特殊的群体，教育工作者是特殊的职业。工厂企业的纯绩效管理方式，绝对不适合学校管理。如果我们将工厂企业以绩效为中心的奖惩制度简单地移植到学校，我们势必造就一大批功利主义的教师，教育必将陷入纯功利的泥潭。没有大胸襟、大格局的教师，何来大格局、大胸襟的教育？

2019年中国科学院心理研究所、社会科学文献出版社共同发布的《中国国民心理健康发展报告（2017—2018）》显示，教师职业心理健康水平呈逐年下降趋势，主要心理问题是抑郁和焦虑。其中，大学教师心理健康状况好于中小学教师，中小学教师心理状况与一般国民群体相比要差一些，小学教师心理状况更差。什么原因？功利化的恶性竞争是罪魁祸首。教师缺乏幸福感，何谈格局胸襟，何谈培养出有幸福感、信仰感，以谋求国家和人民的幸福为最大幸福的社会主义接班人？

（一）以身垂范，培养一支风清气正、俯身倾情为教师服务的学校干部队伍，为教师们营造充满温馨和激情的工作氛围。

做教育管理工作20多年，我一直把教师的冷暖放在心头。每一位教师的需求都是我的头等大事。教师们也把我当作贴心人。教师们自己或者家里人有了突发状况，比如说中风、突然晕倒之类，他们第一个想到的就是给我打电话，我都是第一时间开车赶到，送往医院，就像自己家的事情一样。年轻的女孩子分到咱偏远地方不好找到学历和精神层次相匹配的对象，我想尽办法搜集相关信息。有一次打听到某单位一个小伙子很优秀，就是长期在前线工作，很难有时间回油田，我驾车带着女教师去石油一线浪漫相亲。一位老教师的岳父母从新疆过来探亲，我连夜派人去武汉机场热情接待……

　　广华中学中层干部都是来自教学一线、业务能力强、深受学生家长信任、有教育理想的中青年教师。高三年级主任总是对老师们说："累了烦了，冲我们来，有话和我们说是对我们的信任。"一位即将退休的老教师真诚地说："教了30多年书，走南闯北在好几所学校待过。广华中学的干部队伍最纯粹，学校人际关系最简单，没有拉帮结派、钩心斗角的人，有这样的人在这里也没有市场。"一位新应聘来的女教师说："参观过很多学校，广华中学的行政楼和校长办公室是最简陋的，学生实验楼、艺术楼、运动场、大礼堂、食堂是最气派的。教师待遇和工作氛围是没挑的。"真是这样，我们的干部团队真正做到了"每一个铜板"都花在学生和教师身上。学校科研条件、办学条件、育人环境一年一个台阶，校园的一砖一瓦一草一木都凝聚着学校上下一心打造育人圣殿的深情；教师和学生忙碌的身影，幸福而明朗的笑容，更是广中最美丽的风景。

（二）改革教师评价体系，多元化评价教师，让不同风格、不同个性的教师都能得到肯定；让教师走出单打独斗的恶性竞争，走向专业引领、同伴互助、自主发展的专业成长之路。

（三）创造性搭建"双生长"论坛，让教师有话语权，快乐分享，幸福成长。

习近平总书记说："青年有力量，国家有希望。"他强调："新时代中国青年要继承和发扬五四精神，坚定理想信念，站稳人民立场，练就过硬本领，投身强国伟业，始终保持艰苦奋斗的前进姿态，同亿万人民一道，在实现中华民族伟大复兴中国梦的新长征路上奋勇搏击。"而青少年正确的价值观、坚定的信仰，对人民、对国家真挚的情感……这一切都来自自主选择，而非说教和强制。为党育人，为国育才。如何打造优质育人环境，创设育人情境，培养"有选择力"的一代新人，我们教育人任重而道远。

从新高考"弃物理"现象谈"三力教育"的必要性

据《科技日报》报道，2017 年高考浙江全省 29.13 万名考生，但是选考物理的只有 8 万人。在上海，实行新高考改革第一年，选择物理科目的考生也仅占总人数的 30%。

弃考物理有什么不良后果？

一、一些考生无法按自己的想法报考心仪的学校和专业。物理是一门基础学科，对其他学科有很大的支持作用。大多数理工科院系要求学生有一定的物理基础，甚至北大等著名高校的一些文科院系也要求选考物理。

二、严重影响大学理工科学生培养。2017 年，浙江大学在一次大学物理统考时进行了统计，浙江籍考生不及格比例达到 30%。浙江是教育大省，全国高考这么多年，浙江无论是在普通高考还是学科竞赛，成绩从来都排在全国前列。现在，连考入浙江大学这种顶尖名校的浙江籍考生都出现这种情况，不得不引起教育者，尤其是政策制定者的深思。

三、影响国家发展。一个国家的发展和强大，良好的工业基础是必不可少的。美国之所以强大，就是因为在 20 世纪聚集了世界上最优秀的科学家和工程师。德国在二战时是战败国，几十年的时间发展成欧盟的领头羊和发动机，这是由于德国高度重视工程师的培养。

毫不夸张地说，最能提升国家工业实力的，就是物理学。新中国成立后，一大批科学家回国建设，我们耳熟能详的钱三强、邓稼先等都是物理学家，他们为国家的国防事业做出了不可磨灭的贡献。如果没有像他们这样的科学家，中国可能很难发明导弹和原子弹，哪还有今天这样的安定局面。

经过几十年的发展，我国已经逐渐具备了工业科技基础，和一整套培养学生科学思维的方案，为各行各业源源不断地输送人才。当今大国博弈的国际背景，更需要教育部门为国家培养大量的物理科学人才。

鉴于此，2021 年进入新高考的湖北省对招生办法进行了改革。用理科类必选物理的方式遏制了"弃物理"现象。

然而，湖北大量的考生被动选择了"物理"，物理教学改革该如何适应新的命题方向，让学生学得有动机、有兴趣、有信心、有效能感？

一、提升学生的选择力——强化学生物理学习动机

广华中学将职业生涯规划教育与选课走班结合，将个人职业生涯规划教育和国家发展需求结合，让学生意识到物理学科与未来职业之间的紧密联系，感知到物理学科人才与国家发展之间的密切联系，提升学生学习物理的兴趣，并将兴趣升华为情趣和志趣，树立为国求学、以身许国、科技报国的远大志向。

我们通过生涯规划讲座、大国博弈视频、校友联谊会、演讲、辩论、招聘现场模拟等形式，让学生在体验中增加认知、拓宽视野，厚植家国情怀。

我们警醒学生，回顾近代史，聚焦新中国成立初期科技的艰难突破，放眼当今国际竞争形势，强化科技报国的志向。近代中国为什么有上百年的屈辱历史？有个很重要的原因就是我们在科学技术上远远落后于西方列强，完全不在一个量级上。一个世纪的屈辱史使中国人得出了一个结论："落后就要挨打。"学生们在演讲中疾呼："堪回首，泱泱华夏岂可再辱？科技兴国，我辈当强，大国使命岂可辜负？"

我们更警醒学生：物理学在当前国家经济发展、科学发展中的地位举足轻重。从建筑到航天，从桥梁到航母，从民用到军用，从粒子到宇宙……物理学几乎涵盖了一切重要领域。一个国家和民族的科技如果缺少了物理学做基础，只会越走越慢，总有一天就会重蹈落后挨打的覆辙。中国的高铁世界闻名，中国的桥梁举世无双，中国"基建

狂魔"的称号让各国颤抖，这里面都有基础学科特别是物理的功劳啊。科技一旦落后，就会导致一系列连锁反应，甚至使国家和民族再次处于危险境地。欧美殖民历史早就告诉我们，落后的唯一命运就是先被人家暴揍，后被奴役控制。试想一下，如果中国的下一代都不学习基础学科，长此以往的后果会有多严重。当今愈演愈烈的芯片竞争，也需要大量的物理人才啊！同学们听到看到美国用"芯片"来卡华为脖子的新闻，摩拳擦掌，眼中有泪，心中有火，更有决心和信念！

二、提升自控力——优化物理学习过程，给予学生自主的空间，让学生利用元认知策略自主控制学习的过程

为什么大部分学生逃避物理？为什么部分学生是被迫选择物理？因为物理的确是难度较大的学科。畏难情绪中或多或少有怕吃苦的成分。

那么，我们是否能够指望学生立志之后，有了吃苦的动力，就能持续保持对物理学习的强烈愿望和强大专注力？

答案是否定的。必须有科学的学法指导，让学生在学习过程中培养意志品质，学会自我调节、自我激励，逐步增加学习效能感。

广华中学提倡优化学习过程，给予学生自主的空间，引导学生利用元认知策略自主控制学习的过程。

何为元认知？1967年美国发展心理学家约翰·H.弗拉维尔在《智能的本质》一书中首先提出"元认知"一词，他认为元认知是反映或调节认知的任一方面的知识或认知的活动，是个人对关于自己的认知过程、结果及其他相关事情的知识以及为了完成某一个具体的目标或任务，依据认知对象对认知过程进行主动的监测和连续的调节与协调活动的过程。也就是说，元认知以认知过程与结果为对象，是调节认知过程的认知活动，其核心是"认知的认知"。

元认知技能促进学习，需要学生不断地监视和调控自己的学习，从而形成一个自主学习循环。在此过程中，我们引导学生这样做：

1. 根据任务的目标和限制条件评估当前的学习任务；

2. 评估自己的知识和技能，确认自身优势和劣势；

3. 设计出适用于现有情境的方法；

4. 运用多种策略实施计划，并不断监控任务进展；

5. 反思当前方法在多大程度上有效，以便根据需要调整方法，并重新启动元认知循环过程。

为了提升学生自主学习的效率，增加自主学习过程中的乐趣，教师们会指导学生形成学习互助小组。同时，教师时常指导学生用元认知策略进行学习。教师在指导学生的元认知策略时要注意以下事项。

1. 善于追问：提出一些问题，使学习者可以反思自己的学习过程和策略。在协作学习中，要求他们反思团队解决问题时所扮演的角色。

2. 培养学习者的自我反省精神。强调学习过程中和学习后个人反思的重要性，鼓励学习者批判性地分析自己的假设以及这可能如何影响他们的学习。

3. 鼓励自我质疑。通过要求学习者产生自己的问题并回答它们以增强理解力，从而促进独立学习。

4. 直接讲授策略。适当讲授元认知策略。

5. 促进自主学习。当学习者掌握某些领域知识时，鼓励他们参与具有挑战性的学习经历，然后，他们将逐渐构建自己的元认知策略。比如鼓励学生自学大学相关物理知识或者科技最前沿的成果。

6. 提供对成功者的访问。通过与稍高级的同伴进行交流来学习成功经验是很有效的学习方式。广华中学每学期都为学生提供向优秀学长学习的机会。

7. 鼓励学生与团队一起解决问题。通过与团队成员讨论可能的方法并相互学习，合作解决问题，可以增强对元认知策略的认识。

8. 鼓励学生"大声"思考。教学生如何在执行艰巨任务时大声思考和报告思想。知识丰富的伙伴可以指出思考中的错误，或者个人可以在学习过程中使用这种方法来增强自我意识。大声思考的另一种方法是大声锻炼。

9. 教会学生自我解释法。通过书面或口语的自我解释，可以帮助学习者增强对疑难问题的理解。

10. 提供犯错的机会。在训练中（例如在模拟过程中）为学习者提供犯错的机会，会激发学习者对错误原因的反思。

当学生能够按照自己的节律和个性去求知去发展，"自控""自律"就不再是一个痛苦而无奈的挣扎过程了。

三、提升学习力——深化课堂教学改革，着眼于"激趣·启思·助记"，呵护学生终身学习的愿望，提升其思维品质，提高其发现问题、解决问题的能力

据新闻报道，2017 年 8 月 29 日，人大附中迎来了跟其他学校完全不同的入学第一课，来上课的是中科院物理所所长方忠（现任中科院物理所所长、研究员、博士生导师，荣获首届全国杰出科技人才奖，特别是在凝聚态物理领域成绩斐然）。

像方忠老师这样一位物理学界的"牛人"，为何会去学校给中学生上课呢？而且方忠老师为了这次课，用大卡车拉来了物理学的科普展台，甚至把各种有趣的实验也搬上了讲台。

他唯一的目的就是希望同学们充分认识到物理比想象中更有趣、更有用，从而选择物理，爱上物理课。这是多么令人感动的赤子情怀和责任担当！

我们高中教师更是责无旁贷！

如果我们的课堂教学一味采用传统教学方式，如教师讲，学生听；教师负责把知识点、例题等讲解到位，学生负责做笔记，跟着教师的节奏记住相关知识内容。那么，学生就处于被动接受的地位，其最大的弊端就是忽视学生的主体地位，忽视学生的个体生命特征，不能更好地发挥学生内在的能动性。特别是理科的学习，传统教学容易使我们学生的学习陷入"题海战术"，忽略思维能力等各方面的发展，久而久之学生的学习也就慢慢脱离实际，脱离生活，只剩下一堆作业。试问这样的学习哪个学生会真正喜欢？在新高考方案的背景下，当我们的学生第一次拥有学习选择权利的时候，他们内心深处选择"逃避"那些难学的科目，如物理，似乎在所难免了。

课堂教学改革势在必行。

物理学科是现代科学的基础，学好物理，需要掌握好扎实的基础知识，提高运用知识解决问题的能力，同时要求学生提高自身的逻辑思维能力、观察实验能力、建模能力、计算能力、动手能力等。而中学生刚好处于一个心理和生理发育关键时期，会拥有各种各样的青春期特征，如对这个世界充满各种好奇和兴趣。如果我们能利用学生的这些好奇和兴趣，在课堂教学当中，结合学习内容引入大量生活例子，如根据物理学科的特点，组建物理学科实验室，组建跟物理学习相关的兴趣小组等，帮助他们掌握好相关知识内容，同时呵护其终身学习的愿望，提升终身学习的能力，并增强人生的信念。如此则善莫大焉。

物理学科如此，其他学科亦如此。

课堂作为教育的主阵地，学校和老师应顺应时代的发展，告别过去那种"教师只讲、学生只听"的传统教学模式，及时调整教学方式，让我们的学生充分认识到读书的重要性，认识到每一门学科的发展前景。在教育教学过程当中，不仅仅着眼于让学生掌握相关基础知识内容，更重要的是培养他们运用知识解决实际生活问题的能力，呵护和发展其创造性思维，发掘学生在学科专业上的内在潜能。让学生的选择力、自控力、学习力得到极大提升，让学生的学习过程从兴趣出发，伴随情趣，发展为志趣——我们为中华民族伟大复兴中国梦培养具有真挚的爱国情怀和创新精神的人才，才不是一句空话。

从 22 名"学霸"考研复试
被人大集体记零分看"道德选择力"

一、这是"无心之过"吗？是"善意之举"吗？

近日，一则新闻引发极大的关注。2021 年 4 月 7 日，中国人民大学法学院在官网公示了 2021 年法律硕士招生考试复试成绩。22 名考生"复试专业课和综合素质面试"得分为零分。其中，有考生初试成绩 415 分，属于超级高分。还有十几个 390、380 以上的高分。

为什么人大要将这些学霸拒之门外呢？

原来，在 2021 年人大法硕复试当天，复试时间较早的考生在考研交流群内分享了自己的复试题目。因此举违反了人大复试的相关规定，分享了题目的考生全部复试记零分。

他们的本意可能是给后面的考生一些帮助，属于善意行为，可是没有想到却违反了规则。

当记者问他们学校有没有提前说明，考题不能外泄时，考生们都承认，确实一再强调了。而且他们还签了保密协议，里面明确指出考后不能泄题。但是他们自己没有当一回事，以为就是走个流程。

事情报道之后，引起极大的轰动。我也建议广华中学的老师们和同学们一起讨论这件事情。

有同学认为"不能不教而诛"，考生无心之过，记零分下手太重。还有同学认为这可是"善心之举"，好意提醒一同考研的"难兄难弟"却被举报，实在冤枉。借这个契机，我和同学们共同探讨：广华中学倡导的"三力"教育中的道德选择力、判断力。

二、规则就是底线，不可碰触。国家栋梁之材、社会精英，更应该做"遵守法规"的典范

因为破坏考场秩序、复试成绩为零分，长期备考的努力付诸东流，可惜吗？答案是肯定的。对于考研的莘莘学子而言，从最初确定报考哪所学校，到备战时阅读资料、自主复习，从焦灼地等待笔试成绩再到全力以赴准备复试，其间不仅要面临诸多学业上的难题，还要经受是否能够成功的心理煎熬，如果没有定力、没有毅力、没有耐力，很难坚持下来。而且，由于竞争激烈，有的考生往往要经历二战、三战乃至四战，才能进入心仪的学校。此次被判零分的考生中，有的已是第三次走上考研之路。可以说，考研的历程既是一场脑力、体力的较量，也是一次心理素质和意志品质的比拼。

　　然而，相较于考研历程的种种心血和努力化为泡影，一些考生只学书本知识、不上社会大课，缺乏规则意识、违背诚信原则的问题更令人深思。作为一场数百万人参加的全国性大型考试，考研不光考学识，也是对规则意识的一次考验。在一些人看来，考后交流复试经验是很寻常的一件事情，谈不上违反考场规则这么严重。但如果深思细想恐怕没那么简单。须知，复试是国家研究生招生考试的重要组成部分，事关研究生培养质量及教育公平，事关广大考生的根本利益。《诚信复试承诺书》及《复试考场规则告知书》上要求"不保存和传播复试内容""考后不得向他人透露招生考试内容"，白纸黑字写得清清楚楚。考生既然签署了承诺书，就应该了解和遵守复试的要求和规定，而不能将其视为无物，把承诺忘在九霄云外。

　　中纪委评价：中国人民大学依照相关法律法规，对违反考场规则和考试纪律的学生做出处理，既是维护考试的公平公正，也用实际行动为考生们上了一堂规则课。对于志在学法的考生而言，本来就更应该明白公平的意义，更应该懂得遵守规则的价值。法学院的毕业生走上工作岗位以后，很多人都会从事和法律相关的工作，如果自身都缺乏规则意识、规矩意识，缺乏守法意识，又拿什么来守卫公平正义？

　　规则是一种硬约束，大家都应该遵守。不仅是考场，不只是考生，任何人、任何时候都不能忘记规则意识。遵守规则其实也是一种自我保护，无视规则，到头来吃亏的只能是自己。

三、在"情"与"法"的选择面前，记住虽情有可原，但法理不可僭越。这是新时代人才需要具备的"公民素养"

很多同学会为这些"学霸"鸣不平：你看，多善良！自己过关了，还关心一起考研的兄弟姐妹们！大家都是兄弟姐妹，从情感的角度看，有了信息怎么忍心不提前告知呢？

此言差矣！

我们看看下面这些"悲剧"是怎么发生的：

大学期末考试，哥们坐后排，你不忍心他挂科……很可能因为雷同卷，你们一起肄业。

亲朋好友聚餐，虽然开了车，怎么忍心不一起喝酒乐一下呢？从情感的角度看，不喝酒多么扫大家兴啊！然后，酒驾，自己违法不说，如果交通肇事，可能还危及他人生命！

熟人托你利用职权办事，虽然违反制度有悖公平，可是从感情的角度，举手之劳嘛！然而，"千里之堤溃于蚁穴"，一个身居要位的官员很可能就这样走向贪污腐败的不归之路了！

朋友在竞争公司工作，一次次哀求你把你们公司的"标的"透露一二，虽然有风险，但是为朋友"两肋插刀"嘛！……于是，你可能触犯商业法，一旦曝光，在业界再也无法立足。

……

不懂得拒绝，就是愚蠢的善良。在情与法的选择面前，请同学们一定不要被情感冲昏了头脑。永远记住：法理大于情理，公共利益大于个人私欲。

人和人最好的关系是熟不逾矩。

美国康奈尔大学做过一项调查发现：

"那些过度随和，并且完全不懂拒绝的人，比那些性格强势的人收入要低18％。毫无底线地接受或帮忙，并不会给他们带来和谐的人际关系，反之，只会得到别人的轻视。"

学会拒绝别人，便是善待自己；懂得适度善良，才会赢得尊敬，才能规避不必要的风险。

四、大是大非问题面前要有智慧有决断，以底线思维化解风险，这是新时代人才需要有的"政治素养"

党的十九大以来，习近平总书记多次强调坚持底线思维、增强忧患意识，有效防范和化解前进道路上的各种风险。

从当前的国际形势看，和平与发展仍然是时代主题，人类命运共同体理念深入人心；同时世界正经历百年未有之大变局，国际环境日趋复杂，不稳定性、不确定性明显增加，经济全球化遭遇逆流，对和平与发展构成威胁。从国内看，在新发展阶段，我国继续发展具有多方面的优势和条件，但我国发展不平衡不充分的问题仍然突出，重点领域、关键环节改革任务仍然艰巨。发展环境的深刻复杂变化，既要求我们牢牢抓住机遇发展自己，又要求我们树立底线思维，防范各种风险。

面对复杂变化的国际国内形势，我们中国人的"底线"就是"和党保持一致"。

《环球时报》主编胡锡进先生这样写道："要小心，不要无意识地、稀里糊涂地做了现代汉奸。历史上的汉奸也不都是道德和人品意义上的坏人，他们有很多就是在涉及重大民族利益的时候分不清大是大非的界限，让个人利益和偏好侵蚀了本应有的立场，一步步滑向民族大义的对立面。中美这场博弈恐怕要延续几十年，中间说不定会有什么突出事件，始终保持道义上的清醒，这对每一个有兴趣参与公共事务的人都很重要。"

坚决站在中国的立场去做与对外有关的一切，这是这个时代的呼唤，也是我们每一位中国人需要坚持的底线。比如美国攻击中国的香港国安法，打击新疆的棉花，我认为每一个中国人都应该毫不犹豫地挺香港国安法和新疆棉花，这当中没有任何摇摆的余地。

"自古英雄出少年"，党的伟业迟早要交到各位同学们手上。习近平总书记关于"树立底线思维"的叮嘱希望同学们牢牢记住。

同学们，22位学法律的"学霸"，在规则面前没有守住底线，考研复试零分的结局也算是社会这个大课堂给他们上了一堂生动的"规则"课。希望有了这样的教训，"敬畏规则"的意识成为他们的素养，融入他们的骨血，那必将是他们个人乃至社会之大幸。

人生的路很长，同学们会面临种种选择，请大家记住：有时候违反原则和法规的事情会穿着"亲情""友情""爱情""个性""自由""人权"等"美丽"的外衣，大家一定要守住底线。只有具备基本的公民素养、法规素养、政治素养，才能在大是大非面前，做出自己理性的判断和智慧的选择。

愿你灵魂丰富谈吐优雅
愿你心灵自由快乐奋进

亲爱的同学们，最近衡水中学张锡峰同学在《超级演说家》的演讲引发了热议。关于他的做一只咬牙奋斗的"乡下土猪"，立志"拱大城市的白菜"的表达，你们怎么看？这个事件引发了我关于人生理想与人生状态、学习目的与学习状态、爱情与婚姻等很多问题的思考。

一、关于"吃相"——文明的"侵入"与"融入"

大家都理解"我就是一只来自乡下的土猪，也要立志去拱了大城市的白菜"，这过激的表达饱含着一个乡村少年逆天改命的强烈愿望。但为什么这句话所激发的不是斗志满满的共鸣，而更多的是围观者的不适不满和嘲笑呢？

"拱"，这个不雅的说法，让我联想到一句上海话："吃相难看。"这句话的字面意思是指一个人吃饭或者吃东西的时候没有礼仪，或者吃饭的仪态太难看。引申含义指一个人做事情，尤其是为了自己的利益，不顾礼仪，或者不守规矩，甚至是太过粗鲁，行事不体面、有失风度。

"英雄不问出处"，对于起点不高，出身不"贵"的人，通过自身的努力，成就一番事业，我们是极其尊重的。但是，如果一头土猪，一身"戾气"，撞倒"栅栏"（规则），进到田园牧歌一般优雅宁谧的园子里，把水灵灵的白菜，一通乱拱，这就真的很倒人胃口了。

城市，大城市，它意味着什么？

先看看社会学上对城市的定义。城市也叫城市聚落，一般包括了住宅区、工业区和商业区，并且具备行政管辖功能。城市是"城"与"市"的组合词。"城"主要是指为了防卫用城墙等围起来的地域。《管子·度地》说"内为之城，城外为之郭"。"市"则是指进行交易的场所，"日中为市"。这两者都是城市最原始的形态，但严格地说，都不是真正意义上的城市。一个区域作为城市必须有质的规范性。城市的出现，是人类走向成熟和文明的标志，也是人类群居生活的高级形式。

在我看来，物质文明和精神文明共同繁荣的城市，才能算得上理想的大城市。那么，我们应该以自身的才华和努力去融入大城市的文明，还是以侵略者、征服者或者就是一个一身戾气的"复仇者"的姿态，去掠夺、征服、享受、破坏它的文明呢？

我们可以全力以赴去竞争，但我们绝对不可以不择手段，泯灭良知，甚至违反规则、触犯法律。

我们可以去享受大城市的文明成果，但是我们要灵魂丰富、谈吐优雅，因为融入了大城市的文明，我们才是这座城市的风景，而不是那只"大煞风景"的土猪。

也许我们出身卑微，但是，只要我们拥有奋斗的风采、文明的风度、灵魂的风雅，我们就绝不卑贱。

二、关于"奋斗"——"雄心"与"野心"，"阴谋"与"爱情"

张锡峰演讲时那种愤世嫉俗，那种对出身差异、城乡差异带来的巨大差距的焦虑，那种为了晋升阶层而"声嘶力竭"的架势，让我们感到了一股戾气，我们不由想到了两个人。

一个是外国的——于连（法国名著《红与黑》的主人公）。

《红与黑》取材真实故事。主人公于连是个木匠的儿子，他人长得帅气，天资聪颖，心高气傲。凭着高智商、高颜值，19 岁时被维里业市长德·雷纳聘为家庭教师。在日常接触中，单纯善良且是三个孩子妈妈的市长夫人爱上了他。但这段"姐弟恋"丑闻很快败露，他不得不前往贝尚松神学院学习，不料又卷入教派斗争。

好在神学院彼拉尔院长赏识他，由于天生记性好且擅长拉丁文，于连被院长举荐，当上了朝中权贵德·拉莫尔侯爵的私人秘书，并得到侯爵的赏识和重用。侯爵女儿玛蒂尔德被他的年轻能干、沉着冷峻所吸引，甘愿委身于他。但敌对教士和贵族不能容忍于连上位，设法唆使市长夫人写信揭发他，使他的梦想毁于一旦。

这个"出身卑微而敢于起来抗争的乡下人"，深感自尊心受到了极大伤害。气愤之下，他开枪击伤了市长夫人，被判处死刑，上了断头台，结束了年仅 22 岁的生命。

有评论家说于连的悲剧是注定的，低微的身世、出众的才华与冷漠的思想结合，催生了一个极度自卑且敏感的于连。于连会竭尽全力去维持骄傲的面具，任何侵犯其自尊的行为，必定会遭到他的反唇相讥、报复。于连也会竭尽全力证明自己的价值，以让自己与卑微木匠儿子的身份彻底剥离。于连对雷纳夫人、玛蒂尔德是没有爱的，他爱的只是征服欲，爱的只是高贵妇人爱上卑贱木匠儿子的征服感。于连的"爱情"充满了算计，几乎成为一场又一场的"阴谋"。

很多读者把于连称为"个人奋斗者"。我认为这种"目的不纯""手段不洁"的奋斗者，称为"个人主义者"或"野心家"更为准确。他是一个追求个人理想而不幸走上歧途的年轻人。或许于连的悲剧乃是一切出身卑微而又出类拔萃之辈的永恒悲剧，这种悲剧因子或多或少在我们很多人身上存在着。它引导我们去成长，还是拖拽我们去堕落，这个我们暂且不去讨论，但它确实在我们每个人身上体现着，进而升华为一种社会规则。

我详细讲解这个故事的目的，就是希望大家去看看这本书，并且以于连作为一面镜子，懂得何为雄心，何为野心；明白什么是爱情，什么是以爱情为面纱的阴谋。

还有一个人，是中国的——祁同伟。

祁同伟，电视剧《人民的名义》中的人物，剧中设定为汉东省的公安厅厅长，毕业于名校政法系。曾为一级战斗英雄，典型"于连"式人物，用人格和尊严（娶了家庭有背景且比自己大很多的但并不爱的女人）换来十年平步青云，为人善于伪装和剑走偏锋。一心想要登上副省长职位的他，深陷腐败、买凶杀人的罪恶深渊，最后开枪自杀在他曾经获得"缉毒英雄"称号的地方。

祁同伟最喜欢的书是《天局》，誓要做一个"胜天半子"的人，充分表达了他不甘于命运安排的狂傲内心。

我们来看看他的经典台词：

"我是拼了命地要把我失去的尊严给夺回来！我不是一个马前泼水的小男人，所以我犯不上在女人面前趾高气扬，我要的是这个世界在我面前低头！"

"去你的老天爷！"

"英雄在权力面前只是工具。"

"改变我命运的是权力不是知识，哪怕搭上我自己的性命，我也要胜天半子。"

"我们处在一个千载难逢的机会中。我们能够通过自己的努力改变自身的命运，并且改变整个家族的命运。这种机会以后再也不会有了。如果我们这代人不为此付出代价，那么我们的下一代就要付出代价。为了抓住这个机会改变命运，我可以不择手段。"

这哪里是一个掌握国家公器的领导该说的话？这哪里是一个官员应该有的精神境界？这是一个心灵扭曲的疯子！是一个没有是非观的赌徒！

反观那句"乡下土猪要拱了大城市的白菜"，于爱情，那是阴谋；于事业，那是野心；于文明，那是入侵；于理想，那是亵渎。

我们确信：随着国家越来越富强，我们的文明进程更会大步向前。"卑鄙是卑鄙者的通行证"，只能通行一时！

三、关于"心态"——学习的"目的"与"状态"，心灵的"弹性"与"格局"

前两天去操场散步，看到年轻的物理教师，带着高一的同学们在晨光里做实验。同学们切磋交流时的畅所欲言，安装调试时的专注仔细，"火箭"成功升空时的欢呼雀跃……我看到了学习最美好的状态。

我理解乡村孩子为改变命运而发愤苦读的心态。但是毛泽东、周恩来……太多伟人，他们在中学读书时心心念念的都不是个人的前途、家族的命运。14岁的周恩来"为中华之崛起而读书"，并且践行终身，他的一生，从个人成就角度看，辉煌壮丽；从国家民族角度，更是功不可没。"宇宙即我心，我心即宇宙。细微至发梢，宏大至天地。世界、宇宙乃至万物皆为思维心力所驱使。……醉娱乐轻国志，谋小私绝大利，认蛮夷做乃父，拜魔盗为师尊，毁文明于无耻。你我何必苟且偷生，熟视无睹？有志者呼吸难畅，应以天下为己任。"这篇囊宇宙括四海的弘文，是毛泽东的"高考"满分作文，他一生都如他所说"以天下为己任"，带领中国人民实现了民族的解放和独立，让中国人活得有力量、有尊严。

下面是无产阶级导师马克思 17 岁时写的"高中毕业论文"：

"在选择职业时，我们应该遵循的主要指针是人类的幸福和我们自身的完美。不应认为，这两种利益是敌对的，互相冲突的，一种利益必须消灭另一种的。人类的天性本身就是这样的：人们只有为同时代人的完美、为他们的幸福而工作，才能使自己也达到完美。如果一个人只为自己劳动，他也许能够成为著名的学者、大哲人、卓越诗人，然而他永远不能成为完美无瑕的伟大人物。

"历史承认那些为共同目标劳动因而自己变得高尚的人是伟大人物，经验赞美那些为大多数人带来幸福的人是最幸福的人。……如果我们选择了最能为人类福利而劳动的职业，那么，重担就不能把我们压倒，因为这是为大家而献身；那时，我们所感到的就不是可怜的、有限的、自私的乐趣，我们的幸福将属于千百万人。我们的事业是默默的，但她将永恒地存在，并发挥作用。面对我们的骨灰，高尚的人们将洒下热泪。"

这也许就是太多伟人和先贤，不为名利而名满天下，不为稻粱谋而"成就满满"的原因吧！这不仅仅是耐人寻味的辩证法，更是我们教育工作者和学子们都应该深思的问题：如果我们培养一大批精致的利己主义者或者一身戾气的于连式的个人奋斗者，我们的人生将是怎样的状态；我们的民族，又将是怎样的状态呢？

也许有同学说，伟人的境界离我们太远。好，我们来谈谈和大家联系最紧密的话题：学习的状态。

面对堆积如山的试卷书本，在题海中奋力挣扎的高考生们，你们是不是时常会思考，为什么作业这么多？为什么学习的日子如此难熬？

毕业于北京大学物理学院天文学系的伍岳老师在接受环球网记者采访时提到"时间颗粒度"的概念，他说："如果每天只用完成一件事，比如睡一觉，大小为24小时的大颗粒会让人感觉时间过得飞快，当然，这是因为什么都没做。然而，对于学生来说，每节课的学习任务迫使他们不得不把时间划分为若干个45分钟的小颗粒，而这就令每天变得非常漫长。"

那么，怎样让学习过程快乐起来？首先要调整心态，变被动心态为主动心态。因此，作为中学生来说，必须要有自主意识和时间管理的意识。这也是广华中学一再提倡的在自主自律基础上的自控力的培养。"时间是自己的，学习也是自己的，心情还是自己的，为什么要将这个节奏完全交予别人安排？自己清楚需要做什么，完成每一件事需要多少时间，是否能够划分为更小颗粒，每一个颗粒安排在什么时间更合适。思考之后，大家就会发现能做的事情变多了，被强制的感觉减少了。"伍岳老师这样引导学生。他对记者表示，直至高三寒假，他才认真考虑了自己要报考哪所大学的问题。他认为，在坚定了最终目标之后，应该更加坦然面对每一次的分数和排名，将每天的关注点聚焦于如何解决学习问题上，并且努力完成每天的规划目标，"这正如我们每完成一道大题要关注如何把过程写规范一样，这是比日常考试结果更重要的事情。"

"多关注过程，少在意结果。"保持积极的心态或许就能逐渐理解超级学霸是如何在学习中自得其乐的。

根据伍岳的经验，能不能成为学霸，还取决于学生是否怀有好奇心，是否愿意花费精力求取新知。他谈到了自己读书时的经历："上学时，我对研究那些规定动作之外的东西很感兴趣，可能它们看似与考试无关，但却能锻炼我的头脑，帮助我从全新的角度更加透彻地理解已学知识。"成为老师之后，伍岳观察发现，这类善于钻研的同学，经过长期充满求知欲的思考后，对那些艰深的题目理解更快，思路更独到，而且还在获得新知识的过程中收获了快乐。

我常常和广中教师们交流，与其鼓励学生为了上名校或者为了改变家族命运而拼命学习，不如引导学生多享受学习的过程，享受知识带来的快乐，这才是求知的真谛。

学习状态如此，人生状态亦如此。我们要么像伟人先贤那样，提升人生格局，有大目标大襟怀，不为眼前利益、个人得失所拘囿；要么活得纯粹一些，爱生活本身，爱工作本身，可能我们的人生状态就少了一份纠结和浑浊，多了一份笃定和清澈。我们才不至于陷入"内卷"的焦虑或者"躺平"的消极。

我想以《我奋斗 18 年不是为了和你在一起喝一杯咖啡》中的一段话，作为这篇文章的结尾。"大城市拥有更丰富的教育资源、医疗资源、生活便利。即便取得了一纸户口，跻身融入的过程依然是充满煎熬。5 年、10 年乃至更长时间的奋斗才获得土著们唾手可得的一切。曾经愤慨过，追寻过，如今，却学会了不再抱怨，在一个又一个缝隙间心平气和。差距固然存在，但并不令人遗憾，正是差距和为弥补差距所付出的努力，加强了生命的张力，使其更有层次更加多元。

"可以想见的未来是，有一天我们的后代会相聚于迪士尼（这点自信我还是有的），讲起父亲的故事，我的那一个，虽然不一定更精致更华彩，无疑曲折有趣得多。那个故事，关于独立、勇气、绝地反弹、起死回生。我给不起儿子名车豪宅，却能给他一个不断成长的心灵。我要跟他说，无论贫穷富贵，百万家资或颠沛流离，都要一样地从容豁达。

"至此，喝不喝咖啡又有什么打紧呢？生活姿态的优雅与否，不取决于你所坐的位置、所持的器皿、所付的茶资，它取决于你品茗的态度。"

我想对张锡峰同学，和广华中学所有有理想、有抱负的同学说：

愿你灵魂丰富，谈吐优雅；愿你心灵自由，快乐奋进。

如果很多年后，你还记得广华中学的办学理念"尊重生命·富贵灵魂·启迪智慧"，记得我们的校训"下学而上达·先忧而后乐"，那我将非常幸福。

"双生长"管理理念

广华中学有一座集学术报告厅、大礼堂、艺术排练厅、食堂等多种功能于一体的大楼，命名为"双生堂"；学校有一个教师们自下而上兴起并传承至今的草根论坛，冠名"双生长"论坛；学校以"激趣·启思·助记"为特色的课堂，被教师们亲切地称为"双生长"课堂；学校有一本朴素的文摘，叫作《双生长文摘》……

我倡导的"双生长"管理理念能够深入人心并在学校的发展史、教师和学生的成长史上留下一点印记，我真的有一些不能抑制的欣慰和自豪。

何为"双生长"管理理念？

任何一种好的教育理念，都需要深厚的文化土壤，否则一切所谓"教育科学"都成了技术，甚至伪技术。我首创"双生长"教育管理理念，即学校提倡教师与学生"双生长"，教师与学校"双生长"，学校与社区、时代、国家"双生长"。学校的所有文化策略和考评策略都围绕"双生长"教育管理理念生成。

"生长"意味着学校教育弘扬"生命意识"。学校的主体是教师还是学生？我认为都是。有生命意识的学校，校长不会把教师和学生当作手段。"人"的生长永远是学校的目的，而非手段。反之，如果我们把分数作为中心，人就成了手段，学校教育就会陷入恶性循环。

学校倡导终身学习的理念，倡导教师在学习型组织中，将职业规划、专业成长规划和学生培养特色、学校发展特色逐渐同步。并运用"双生长"论坛制度，"双生长"课堂制度以及"双生长"学科捆绑评价制度、"双生长"年级捆绑评价制度等一系列"双生长"研修和评价制度来促进该理念的落实。简言之，"双生长"论坛、"双生长"课堂、"双生长"研修评价体系是"双生长"管理理念落实的三驾马车。我下面重点说说学校的"双生长"论坛。

走进广华中学的校门，我们经常可以看到闪亮的"明星"海报。海报上有教师大幅照片、成就简介和教育箴言。"就是要让我们的教师顶着光环在校园幸福行走，就是要为教师搭建思想交流、专业成长的平台。"我常常在中层干部会议上鼓与呼。

"双生长"论坛既是教师的文化论坛，也是学校的文化风向标。学校确立了师生"双生长"的发展理念，学生的发展目标是成为具有真挚的爱国热情、具有强烈的承担意识、具有正确的价值理念、具有强大的内心世界、具有终身学习的愿望和能力的社会主义事业合格接班人；教师的发展目标是成为爱国爱校、立德树人、善思乐行、追求卓越的名师。学校推荐敬业乐业、教学业绩突出的教师登坛讲述他们的教育故事。情感共鸣、思想碰撞、风气引领，是论坛的常态。"爱国爱校、立德树人、善思乐行、追求卓越"的教师文化，在典型引领、同伴互助的氛围中蔚然成风。

"双生长"论坛聚焦课堂教学和德育课堂中引起争鸣的问题，每一次论坛都是一次生动的课题案例研讨。向永波老师用教育学、心理学理论，结合课堂和德育案例，深入浅出、妙趣横生地解读学校"三力教育"的文化魅力。从教近30年的吴军老师在论坛上感慨良多："学校提倡课堂教学设计贴近学生生活和心灵，在学生思维最近发展区激疑，让我这个老同志活到老学到老。看到学生以地理全省前几名的成绩考入北大等名校，盘点自己在业务和心灵上的成长，感觉自己越来越年轻，简直是逆生长了！无比幸福！"

"双生长"论坛是广华中学"双生长"管理理念的创新实践，是广华中学靓丽的教育文化名片之一。广华中学就是这样俯身倾情为教师成长搭建平台，促进教师们满怀激情地完成从"明星"到"专家"的华丽转身和幸福生长。

生长，双生长！每每看到教师们激情饱满的状态，学生阳光自信的笑脸，我仿佛看到两棵分别名为"智慧"与"真情"的大树，生机盎然，在民族教育的生态土壤里，向下扎根，向上生长！

文化底蕴篇

学生绝不是手段，学生是目的

在教育中，我们常常陷入这样的困境：越用力越适得其反。觉得自己出发点是好的，手段是高明的，却很难达到目的。委屈、无奈、无助的情绪由此蔓延开来。

这样的时候，我一般要问一问初心。我们在实施教育的时候是不是把"目的"当"手段"了？

我们来厘清概念。

从行动学角度来说，行为追求的结果，被称为行为的目的或目标。而行动学中的手段指的是行动人为了达到目的和目标而使用的相应的方法。如何使用这个方法是完全主观的，是行动人有意识地对宇宙中存在的事物的加工整理，没有人对实现目的的方法的加工整理，这个方法就不会存在于给定的宇宙中，在这个宇宙中就只会有各种各样的事物的存在。当人类的理性打算利用事物来达到某种目的和目标时，事物就通过理性的加工整理成了一种手段。人类的行动正是通过这种方式，为了实现某些目的而运用那些宇宙中存在的事物。有思想、有理性的行动人看到宇宙中的事物有能够帮助自己实现某些目的的功能，然后行动人的行动使得这些宇宙中存在的事物有了意义。这里需要重点强调的是，外部世界的一切事物只能通过人类心智结构的加工处理，在人有目的的行动过程中才能成为手段。行动学关心的是活生生的人，外部世界中的事物是有形的也好，无形的也好，只有通过人的心智结构的加工整理，才具备相应的意义，才能被作为实现目的的手段。而且在使用物作为手段的过程中，一切方法都要倾向于减少"物"的不适感和不快感。

从行动学的角度，不难看出两点：一、作为手段的都是事物，而不是活生生的人；二、任何事物被拿来作为手段，都必须通过人的心智结构的加工过程。

那么，从这个角度反思一些事与愿违的教育行为，一般情况下不是方式方法不够适合受教育对象，就是咱们不小心把"学生"当成了"手段"，而不是看作活生生的人。

比如，如果我们不深入研究课程的开发，不醉心于教学情境的设计，不着眼于学生学习兴趣的激发、学科智慧的启迪，就会导致学生厌学情绪严重，或者学习状态、学习效果不尽如人意。究其原因，我们可能是把学生物化，当成了学习的容器，当成了手段，当成了为自己为学校提升升学率的"工具"。

　　我很理解北京四中校长刘长铭的反思："我们的教育价值最初是知识本位，把学生异化为'容器'，学校塞给学生尽可能多的知识。20世纪90年代，教育价值向能力本位转移。在老师看来，学生就是机器，要努力使他们具备各种能力，解决各种问题。无论是容器还是机器，我们都没有把学生当成一个活生生的人，公民意识、生活、情感、交往、健康、悲悯等人的基本属性，都被忽视……"

　　亲爱的老师们啊，学生永远是目的，而不是手段。只有明确了这样的定位，我们才能真正愿意绕一点远道，不简单粗暴地命令、灌注、说教，而是创设情境、营造氛围，引导学生提升选择力、自控力，增长学习力，成为完整的人、大写的人。

学校的管理者不能
把教师当作"手段"

教师是特殊的群体。如果教师得不到高品质文化的引领与润泽、感召与激发，长期围绕分数单打独斗，或者疯狂内卷，这于学生、教师、学校、国家……将会是怎样的后果？

给教师多一点雅正的文化引领吧！政治觉悟的提高，正确理念的根植，为党育人、为国育才的教育责任感使命感的升华，都远远比窄化了的业务能力的熟稔重要！

给教师多一点真挚情感、高尚情怀的浸润和感召吧！好的教育管理是从教师的普遍需求出发，落实到每位教师的个性化需求。这样的管理不是冷漠的强制，不是粗暴的命令，也不是治标不治本的适得其反的干预；而是对教师生活的关心，亲人的关爱，专业成长的引领，职业发展的助力，内心困惑的消释……这样，国家层面对教师的关怀和期待，学生层面对教师的热爱与期盼都在具体的人的落实和传递之下，化作爱的回音壁、爱的交响乐，推动教师奉献和进取的精神血脉健康而有力地奔涌！

学校是育人的圣殿，更是文化的圣殿。将教师的发展、教师的幸福作为"目的"，而不是仅仅把教师当作谋分谋利的"手段"，这样的学校才能得到长远的、健康的、卓越的发展。

习近平总书记在谈到"厚植校园文化建设"问题时强调，"青年一代有理想、有担当，国家就有前途，民族就有希望"。在新时代面对青年群体开展校园文化建设，应当始终牢记初心和使命，保持创新的激情和务实的作风，激发青年在校生的中国特色社会主义共同理想，鼓励他们勇担时代重任，主动投身到中华民族伟大复兴的事业中去。

唯关爱教师，尊重教师，服务教师，引领教师，感召教师，我们的校园文化土壤才能润泽深厚，我们的教育事业才能绿树常青，我们的民族复兴大业才能后继有人！

"示弱"的教育，才最强大

我常常和老师们说，教师要会"示弱"。

示弱不是妥协，不是服软，不是媚俗，不是无作为；也不仅仅是海纳百川的谦卑纳下，更不仅仅是春风化雨的温柔与亲切……那是一种教育的智慧。

一个家庭主妇，一边把家务全部包办，一边满腹心酸抱怨，殊不知，你的强势扼杀了其他家庭成员担当的兴趣和愿望，阉割了他们承担的能力，而你喋喋不休地抱怨，又疏远了你与他们的情感。同理：孩子的选择力、自控力和学习力，往往是被"强势"的教育压制和扼杀了！咱们做班级管理，是不是应该多一点"示弱"？教师一个人精力有限，那就建立强大的班委组织；班委组织也没有精力顾及方方面面，那就"权力"下放到学习小组；学习小组再细化到人，就让班级每一个人都有所担当。这样人人都有主人翁意识，人人各司其职，民主氛围营造起来了，民主的班级管理制度也建立起来了！

学科教学也是同样的道理。试想一下，如果教师一直是高高在上的姿态，表现出真理和答案都在我这里的"强势"，学生哪里还敢试错？哪里还能燃烧探索的动机、超越的激情、创造的理想？

教师能否把自己还原为雄心勃勃、求知欲和征服欲都"满血"的少年，带着一群这样的少年，在一个个特定的有趣情境中，去寻觅奇境、发现宝藏、探索规律？在这个探险的过程中，真理不一定掌握在教师手里、学霸手里，甚至不一定掌握在教科书里面的权威专家那里！有时候，我们小小少年也能一不小心和权威心有灵犀，甚至也能质疑专家的一些可能有时空局限性的"漏洞"呢！那么，将来的创造和发明是不是可以有"我"和"我们"的时代担当？

示弱，这不仅仅是春风化雨的柔情点化，不仅仅是引水入渠的舒徐风度，更是一种课堂文化、班级文化、学校文化，是教育者的一种曲径通幽的教育智慧与去功利化的使命与担当。

当然，并不是所有的知识点都要用"探究"的方式去学习，而是需要在一种可持续发展的文化情境中，让孩子们习得正向的理念信念，在孩子心灵和思维的土壤里种下"自主选择""自律自控""热爱学习善于学习"的种子。人生之路漫长，终身学习之路同样漫长，我们给学生一份鼓励、引领、感召，让他们有激情、有自信、有能力在人生之路上始终坚持学习、不断跋涉。

广华中学的"三力"教育一定是在这样的文化情境之下的教育探索，我们的一切真情和智慧，都是为了学生有力量、民族有力量、国家有力量。为此，我们示一下弱，又有何妨？

高中生再忙，
也要有高品质的阅读

"群文阅读""整本书阅读""名著阅读"……专家喊得响，培训催得紧，可是落实到具体的学校、班级、学生，问题就很多。千头万绪，所有矛盾的焦点集中在时间上：高中生太忙了，没有时间读书。

这有一点类似庄子所说的情况："吾生也有涯，而知也无涯。以有涯逐无涯，殆已！"意思是说，人生有限，知识的海洋无边无际，用有限追逐无限，那不是令人疲惫而收获有限吗？

其实，庄子的意思不是说"不学习"了，而是学习需要用心灵去感悟，不要被浩如烟海的知识、众说纷纭的看法湮没了自己的视角和声音，更不要在焦虑中拼命追逐，欲速则不达。

我觉得高中生阅读名著的心态和方式，恰恰可以从庄子的见解中受到一些启发。

其一，关于心态。

名著阅读，本是为本民族优秀传统文化的传承，外族优秀文化的互鉴，为了人类文明的延续，视野的开阔，情怀的浸润。它本是去功利化的过程，是"无用"之"大用"。教师大可不必因为"必读"书目或者说考试要考，而逼着学生火急火燎、囫囵吞枣，甚至将其异化为刷题"背书"。这只会扼杀学生阅读名著的积极性。更何况高考是公正、公平地选拔人才的重要途径，不可能用死记硬背的方式去考查名著阅读。刷题这样的功利化阅读名著的方式，在高考中是吃亏不讨好的。

其二，关于引导阅读的方法。

用名著导读来激趣。作者的地位，作品的价值，有趣的看点，有争议的桥段……都可以以导读的方式，来激发学生阅读的欲望。前提是教师认真阅读过，而且是在自身细读文本和广泛研读专家书评的基础上。建议教师们分工合作，每位教师选取最感兴趣、最有研究、最有心得的书做好导读。

用学生喜闻乐见的方式引导学生进入阅读情境。学生喜欢分享，那就成立名著研读小组。学生不喜欢被强迫，可以自选书目，可以自选指导教师，给时间给空间分组阅读。围绕自己感兴趣的话题，分享交流，提交小论文，在班级或者年级阅读报告会上发布。可以名著名段朗读分享，也可以互相讨论、辩论，还可以改编成剧本表演。在这样的交流碰撞之下，学生的兴趣会相互点燃，后续会再选取感兴趣的名著继续研读。这就是尊重个性、尊重个人感受感悟的阅读方式。涵泳其中，其乐无穷。

其三，关于阅读名著所需时间与高考之间的矛盾。

首先，减少教师琐碎分析和挖空心思猜题的工作，本身就是节约时间。

更重要的是，高考考查语文核心素养、阅读理解能力、语言建构能力和积累、审美鉴赏能力、胸襟情怀价值观……阅读名著的初衷和目标与高考是一场"双向奔赴的热恋"，值得花时间啊！

我常常想，在那难以找到阅读资料的20世纪六七十年代，如果不是有从老师家里借来的几本几乎被翻破的《红旗谱》《青春之歌》《红岩》《红与黑》的陪伴，我的灵魂深处很难有根深蒂固的英雄主义和浪漫主义情怀，如果说我一生还是做成了一些有意义的事情的话，我不能不感恩青少年时期的阅读……

很多教师和家长会觉得读整本书费时间，不如多刷题。怎么说呢？青少年时期正是求知若渴，渴望睁大眼睛了解世界、了解生活的时期，阅读满足了他们的基本精神需要。正能量不占领"阵地"，负能量就会长驱直入。不信，可以去看看孩子们的书包，说不定会放了些低俗的课外读物。

与经典对话，同大师握手，人类的文明很大一部分是以这样美好又伟大的仪式一代代传承下来的，它启动于一颗颗好奇的、渴望的、纯洁的心灵，同某一本书、某一个人物、某一个故事、某一种思想的神奇邂逅……

我的教育观

——接受记者采访时的讲话

办教育，要走内涵式发展之路，不可急功近利，要回归教育本质，定位要准，目标要高，出手要高，要与自己担当的社会角色相符，用走内涵式发展道路来解决我们发展中存在的问题。

教育的本质就是人的本质，人的本质就是人的发展，具体到教育上就是"三全"，即全体学生在全过程中的全面发展。我们应该坚决树立以人为本的教育思想，以发展人性、培养人格、改善人生为目的。只有办高品质的教育，才能真正让社区人民满意，才能真正促进学校又好又快地向前发展。高品质教育应该是教育内涵丰富，文化底蕴深厚，办学理念先进，办学思想开放的教育。

学校教育要以生命为本，尊重生命，润泽生命，完善生命。教育的终极目标是实现学生生命的幸福生长。学校教育既要为学生的明天负责任，为成就学生的美好未来打好全面基础，做好全面准备，也要从以人为本的原则出发，关注学生当下的生命状态、生命质量，关注他们的幸福感、成就感；既关注学生生长，又关注教师自身生长，实现师生双生长。

教育的真正目标是促进学生健康生长，在充分调动学生积极性、激发学生兴趣的基础上，让学生自主学习，享受智力生活的快乐。一切教育归根到底是自我教育，一切学习归根到底都是自主学习，所以说学习就是学会学习。

有灵魂的教育意味着追求无限广阔的精神生活，追求人类永恒的终极价值：智慧、美、真、公正、自由、希望和爱，以及建立与此有关的信仰，真正的教育理应成为负载人类终极关怀的有信仰的教育，它的使命是给予并塑造学生的终极价值，使他们成为有灵魂、有信仰的人。

教育无痕，润物无声。教师要以情感为纽带，在情感爱心的交织中实施德育，用理解和信任的双重密码，开启孩子的心灵之门，用和蔼可亲助人为乐的生活态度、愉快开朗的表情、大公无私平易近人的性格去感染学生，潜移默化地熏陶学生，让学生走进生活，实现体验、内化和外化的道德培养，用感性的教育去实现德育的理性目标，把规范的限制与灌输升华为对学生的灵魂教育，使学生在行为中体验生命的珍贵、灵魂的高贵。

其实，我们在教育孩子的过程中，不要仅仅思考我们要求孩子做什么，应该换一个角度思考问题：孩子们需要什么？我们应该为孩子们做些什么？

学生需要的是用高品质的教育去激活学习动机，使他们能够充满激情地主动地学习。那么这种对学习的兴趣和热情从哪里来呢？来自学习过程中体验到的快乐和成就感。我校积极推进课堂教育改革，用生动、高效的课堂吸引学生。我们还稳步推行自主学习，每天保证一节自习课，晚自习有一个小时自理时间，学生可以用这个时间有针对性地培优补差，做竞赛题、看课外书、写作业、预习、复习、巩固、梳理……不懂的问题可以问老师、问同学。这对于出类拔萃的学生，拓宽、挖深、冒尖有极大的帮助，对于偏科学生"治跛"也大有好处。在自主探究中学生收获的是成功的愉悦，更是超越自我的快乐。但我们的自主学习不是不负责任的放任，而是用科学的引领、及时的辅导、定期的检测来保障自主学习的效率。为此我们专门开了全体干部会、教师会、学生会，反复学习、研讨，还制订了自主学习方案。

教师、家长、同学对学生尊重、信任和期待的情感可以产生一种"意象"效应，形成一种无形的力量，促使其不断努力，追逐成功。一个在尊重与欣赏的环境中成长起来的孩子有幸福感、成就感，自尊、自信，富有激情、富有创造力，有足够的内动力去完善自我、超越自我，即拥有完整的人格；而在压抑、失落的环境中成长起来的孩子没有幸福感、成就感，或自卑自闭，或乖张任性，消极厌世，缺乏足够的内动力去完成健全人格的自我塑造。一旦这样的人格建构者稍有成就，就会显得特别自我膨胀。

我们只有在青少年时期给孩子们的心灵打下阳光的底子，让他们懂得相互欣赏、平等交流、积极合作，懂得自我肯定、自我超越，懂得感恩，懂得宽容……这样健全的人格、坚韧的心灵，才是打开未来成功大门的钥匙，才能去适应社会残酷激烈的竞争。

真正的教育是对生命的尊重，对智慧的启迪，对灵魂的丰富！我们将用全部的真情与智慧去践行真正的教育，为多梦青春导航，为幸福人生奠基！

尊重学生成长规律，为孩子一生奠基

台湾教育学家贾馥茗在《教育的本质：什么是真正的教育》一书中提出："真正的教育，其责任必须以引导学习者成人为务，以发展人性、培养人格、改善人生为目的。"全面深化教育综合改革，必须真正从学生的需求出发来发展教育，建立有利于学生健康、快乐、自信成长的绿色环境，针对不同学段在学生成长链条中扮演的不同角色和任务，尊重学生的成长规律，深化"全链条"整体改革，为孩子的一生奠基。

一、学前教育，在"玩"中启蒙

学前教育是终身学习的开端，最主要的作用是启蒙，最重要的是呵护和尊重孩子的天性，只有孩子快乐"玩"起来，其内在的潜能才能被开发。

学前期是孩子的性格、情绪、情感、行为习惯、社会性和认知等发展的关键时期，合理、科学的启蒙就是要尊重孩子的天性，让孩子"玩起来"。玩的过程就是促进大脑发育、形成智慧的过程，就像蜘蛛编网一样，玩得越多，大脑神经元的突触就越多，蜂窝状的神经网络就越发达，孩子的一生就越丰富。

为了孩子"不输在起跑线上"，而过早、过度地进行智育开发，从过程上说是违背人之天性，而从结果上考量，将会欲速则不达。

二、小学教育，在"慢"中奠基

小学是基础教育的基础，要为人的一生发展从"健康的身体，基本的知识和技能，获取知识、技能的能力和素质，个性、情感、价值、态度方面的融合和发展"四个层次，一点一滴地，打牢全面发展的基础。

"慢"是尊重规律的慢，并非单纯地降低发展速度、要求，而是追求有质量的发展。小学阶段，脚步放慢一点，基础扎实一点，才能为更高阶段的学习和终身发展提供充分的养料。只有慢下来，用更多时间来关注更多的教育细节，培养孩子的兴趣，让学生能够体验成功的愉悦感，教育才能留下"痕迹"。

要把小学阶段的慢，放到整个基础教育甚至学生一生的时间坐标中去衡量，把握孩子的成长节奏，做到张弛有度，让孩子快乐成长。所谓的起跑线是人生长跑的起跑线，而不是短跑的起跑线，切不可为求快而拔苗助长。

三、初中教育，在"宽"中厚积

如果小学阶段是基础，那么初中就是学生厚积的阶段，为学生的选择、发展积蓄能量。初中教育任务就是要尽可能拓宽教育资源，丰富供给，开阔视野，拓展兴趣爱好，为未来发展进行初步规划和定位。

"宽"需要构建多元化、发展性的评价体系，强调用知识解决实际问题的能力。对学生个性爱好进行宽向引导，体现学生视角，让学生自然流露、自由参与，保护学生的真实真心、本色自然，努力让每位学生都能享有人生出彩的机会。

人生的成长，对宽度的追求至关重要。有宽度，才有生活的丰富多彩，才有将来的方向选择，才有研究问题时的左右逢源、触类旁通，因而也才会有创新。

我校 2011 年考入北大的吴伟豪、2012 年考入清华的尹思凡等同学，就得益于初中大量的课外阅读、广泛涉猎，最终高考时厚积薄发，并成为终身事业的兴趣起点。

四、高中教育，在"活"中求特

高中阶段是学生从未成年走向成年的过渡时期，学生个性形成、发展倾向显现。高中需要提供多样化、个性化的教育供给，满足不同的发展需求。因此"活"的关键是促进高中教育的多样性。新高考改革正是以考试评价内容上的活化，拉动高中教育课程设置的活化和教育教学方式的活化。

广华中学充分尊重学生成长规律，积极推进高中教育的活化：学科教室、学科导师制、走班制、校本课程开发、选修课指导制等都逐步进行研究、规划、实践……让每一个人都能选择最适合自己的教育和最适合自己的发展方向，充分挖掘潜能、张扬个性、享受教育生活，实现幸福人生，这是我们江汉教育人所追求的目标。

强大的内心世界，完善的人格，不竭的动力，浓厚的兴趣，丰厚的底蕴……这是基础教育给学生们最宝贵的礼物。愿我们集团各个学段的教育工作者，用最优质的教育，照亮学生的人生之路。

用课程建设落实"双减"提质
用德育导师制确保"学好学足"
——"双减"背景下的初中教育建议

习近平总书记常常提醒大家"不忘初心"。那么，我想问问我们每一个为教育奔忙的同仁，教育的目的是什么？提纲挈领地说：教育的目的是要解决培养什么样的人，为谁培养人，怎样培养人的问题。

学校要培养什么样的人？首先必须要有育人目标。这个育人目标要紧扣人的核心素养：价值观念、基本品格、关键能力。我的理解是，在人的成长中，三个能力最为关键：选择力、自控力、学习力。其次如何达成育人目标。构建"三力"教育课程，是实现我们教育目的的有益探索和有效途径。符合教育规律、富有办学特色的课程建设是我们日常教育活动关键中的关键。

课程是什么？即教材，即活动。定义在那不需赘述。义务教育阶段课程分为国家课程、地方课程和校本课程。

初级中学要办出特色，要创立品牌，必须走内涵式发展之路。培养学习力，构建"三型"课程。所谓"三型"课程，即基础型课程、拓展型课程、研究型课程（又称探究型课程）。教师的专业性体现在课程的开发上。拓展型课程以完善学生的认知结构、激发兴趣特长、开发潜能为出发点，分限定拓展和自主拓展。研究型课程是运用研（探）究性学习方式，发现和提出问题，探究和解决问题，用主题探究、项目设计、课题研究等方式完成。

当下最为紧要的是基础型课程，它关乎国家对公民素质的最基本要求，是义务教育阶段全体初中学生必修的学科课程。也许你会误认为国家课程标准就是最高标准，恰恰相反，它是一个最低标准，是一个最基本的要求，因为它要照应到老少边穷欠发达地区。所以我们作为优质学校，要有更高的课程标准，它必须高于国家课程标准的基本要求。因为学生完成了九年义务教育后，即完成了基础型课程的学习，要参加人生第一次大考——中考。中考是一次选拔性考试，在很大程度上也是人生的一次分水岭。因此我们要十分重视学生对基础型课程的学习，必须要将国家课程开发成为校本课程，即走国家课程校本化之路。

如何将国家课程校本化？将国家课程开发成学校师生教与学的导学案，是一个行之有据且必将行之有效的途径。根据学校实际，1—

4 年级为一个层次，5—8 年级为一个层次，分两个层次。每年级由学科组长、备课组长负责，每个层次指定主负责人，由主负责人负责召集、安排、开发导学案工作。每一个导学案的开发成型必须集体备课，确立主讲人、设计人，其他教师参与讨论。首先要理解新课程标准，把握课程标高，分析研究教材重难点，分析预判学生认知最近发展区，做好评价设计，确立并划分本课题显性知识与隐性知识，设计导学流程，规划执教策略，使评价设计优于教学设计。

诚然，确实如很多同志所担忧的那样，导学案开发如果没有更深刻的内涵和独特的做法，确实会形式化、敷衍化。那么，怎样让学校的导学案更贴近学生的学情、更高效呢？导学案设计要注意以下三点：

一是对"三种知识"的学习。对于显性知识，我们着眼于帮助学生记忆，遵循艾宾浩斯遗忘曲线规律，诱导、敦促、检查、帮助学生记忆，与遗忘做斗争。对隐性知识，我们着眼于训练学生感悟，注意"三性"：设问的科学性、训练的精准性、思维的深刻性（教学中的关键）。对于元认知（学习知识所需要的知识）能力的提升，最重要的就是要激趣。一方面把激趣当教学的目标，目标达成，功莫大焉。兴趣就是最好的老师，"知之者不如好之者，好之者不如乐之者"。另一方面把激趣当手段，基于学生年龄特征，毅力、意志品质尚弱，只有激发兴趣、感染情趣、导向志趣，才能使学生保持持久的注意力，为其学习前两种知识提供有力的自控力保障。

二是对学生认知的最近发展区的预判把控。在实施导学案教学中，很多时候很难控制教学节奏，有些课堂教学的张力不够，教学效度不够。如何张弛有度，事半功倍？现状的不尽如人意和投身教育的责任心倒逼我们的教学必须在学生认知的最近发展区展开，用俗语讲就是要让学生在跳一跳够得着的这个区域去认知去探索。用建构主义学说举例，学生对一个知识根据以往的知识与经验有一个认知水平，通过导学案自主学习重新建构可以达到 A 级水平，通过老师的导、教、点拨升华后可达到更高一级的水平 B 级水平，那么这个最后认知建构 B 级水平与自主学习建构 A 级水平之差就是学生认知的最近发展区。

当我们再一次明确了找准最近发展区的重要性，我们就不会怀疑使用导学案教学必须让学生以预习为手段确保学习前置、思维先行的必要性。好的导学案，像思维导图，又像思维水渠，诱导学生有序有法有节奏有效率，又个性化地进行自主学习。最好的学习就是自主学习，我们强力推行"六步教学法"是有理论依据的，要求我们的教师切实转换教学方式，其根本目的就是要转变学生的学习方式。当然自主学习既可自主探究，也可自主合作。那么问题就在于教师如何发现或找到学生通过导学案学习自主构建从而达到 A 级水平的途径。鉴于此，教师必须检查导学案的预习落实情况。掌握学生对重点知识的认知水平和对难点的突破水平情况，在此基础上，在记忆显性知识及思悟隐性知识的最近发展区展开教学，这样才能大大提升我们课堂教学的有效性。有了有序有效的课前预习，及时高效的课后复习与练习作为保障，我们的课堂才有张力，才有生产力。

三是教学评价设计要优于教学设计。一节课完成了你的教学目标没有，用什么来评判你是否完成了你的教学目标，那么上课之前要设计好教学评价：可以是选择问卷反馈，可以是设问回答，也可以是定性定量评价，文科还可以是情境式学习任务的达成情况。

好比你前往某个目的地，到达这个目的地没有，这是"教学评价设计"。至于你是采用什么方式去的，选择哪条路线，这就是"教学设计"。教学评价设计优先，意味着备课先要考量教学目标，确定选用什么方案来检验是否达成了教学目标是我们备好一节课的首要环节。

导学案的开发设计是非常烦琐的，既要集体教研，又要个性化思考，只有个性化的才是我们自己的，也才是有价值的。

目前教师手头各种教学资源有很多是以导学案的形式编写的，不一定适合具体学情，也不能贯彻学校的教学理念。任何外来的资源都需要内化，这个内化的过程既是将基础课程校本化的过程，也是教师队伍专业成长的过程。教学资料、参考资料、各种试卷试题多如牛毛，哪些能为我所用，必须精挑细选，从例题到课堂训练、课堂教学评价、课外作业以及章节测试，都要符合"减负"政策下作业管理的规定。从某种意义上来说，对于资料遴选、改造、整合与否，也是一个教师责任心和专业化程度强弱的体现。

前面我们重点谈了课程开发。在"双减"背景之下，好的课程得到落实和执行的主阵地毋庸置疑就是课堂。我们倡导课堂采用"六步教学法"模式，强调自主，导学在前、充分预习、先学后教、以学定教，改变传统满堂灌的教学方式，切实落实学生的主体地位；鼓励小组合作、交流分享、质疑思辨、归纳升华，以期改变学生的学习方式，培养其学习力。

我们制定了一堂好课的基本评价标准——"六字评价法"。其理论依据来源于上海教育家顾泠沅先生提出的标准：目标明、过程清、活动实、思维深、反馈勤、作业精。

对于拓展型课程与探究型课程建设，在后续的教育教学中我们将不断地开发与完善，不断丰富学校的课程资源和内涵，持续提升教育的品质，涵养学生的学习力。

以上我们畅谈了学习力的提升途径。在影响学习力的诸多因素中，非智力因素的影响不容忽视。所以，我们一再强调，在关键能力的培养中，不能忽视选择力与自控力的养成。养成教育这个课题太宏大，堪称世界级难题，但我们应该也必须朝那个方向走，俯身倾情去做，至少我们可找到一个抓手。德育导师制就是我们所大力倡导的教育策略，方便操作，简单易行，也有利于考核评价，确保学生在学校学好学足，为减负增效提质提供强有力保障。

推行德育导师制度，就要建立班级小组制。一个班级至多分9个小组，每组5～6人，小组长民主选定，明确职责，组员中可能有班委成员，有科代表，但每个成员各担当一定责任。从管理角度划分，可以是纪检员、记录员、生活卫生劳动员或文体员等；从学业职责划分，可以是语文学习员、数学学习员等。增强学生的责任意识，唤醒主体意识，既发挥学生主体的主观能动性，满足学生个性化发展的需求，又能增强学生团队意识和团结协作精神，有利于捆绑评价实施，充分激发与调动学生参与课堂导学案实施的自主性。

每个班级的科任教师必须负责一两个小组，由班主任牵头协调，各小组与任课教师双向自愿选择，最后落选的小组无条件由班主任担当德育导师。德育导师就像大学导师带博士、硕士一样，要了解每个学生的身体状况、心理状况、家庭教育状况、思想情绪状态、各学科学业水平状态、爱好特长以及人际关系等；引导学生树立正确的价值观，养成积极阳光的心态和健康向上的生活方式；帮助指导学生学习，开展"兵带兵""兵帮兵""兵强兵"的竞赛活动；充分利用学生成长评价手册，开展激励性评价，寄语未来，寄托希望，重点生、重点家庭需要特别关注。

良好的师生关系是第一教育力。教师要走近学生，走进学生心田。教学相长，当我们在"成为导师"的情境下，去激发自己的潜能，完善自己的人格，和学生一起幸福成长的同时也扩展了心灵图谱与事业图谱。这图谱又融入致力于中华民族伟大复兴的教育事业并且为之增光添彩，这是怎样的美好与伟大！我期待为大家喝彩！

"大学者，非大楼也，大师也。"

"教师是学校教育的第一资源。"

再完美的课程，再完善的机制，也需要优秀的教师团队去实施，去实践。教育科学是实践科学，让我们携手用心共同践行我们对教育的理想，共创师生共同的人生体验，开创学生、教师、学校共同发展的美好未来！

献给青春的赞歌
——在五四青年节上的讲话

亲爱的同学们，年轻的朋友们，曾经年轻并将永远年轻的老朋友们：

早上好！

当和煦的春风拨动青春的琴弦，当五月的鲜花绽放在青春的原野，当初夏的太阳把梦想的光芒辉映在每一双青春的眼眸，我们一同迎来了一个庄严又美好的节日——五四青年节！

这个节日，属于你们，亲爱的同学们！当你们青春躁动的心因理想而厚重；当你们追求的旋律复沓在一个个理性的思考里，一次次缜密的演算中，一声声动情的吟诵里，一回回创新的探求中……亲爱的同学们，我为你们骄傲！当你们青春的身影飞扬在运动场，活跃在竞技场，绽放在青春的舞台，我看到你们在竞争中变得卓越，也更懂得情谊与合作；我看到你们在失败中坚强地站立，又在成功后谦逊地俯身致谢；我看到你们年轻的脸庞因为泪水与汗水的洗礼而日益灿烂，亲爱的同学们，我和我亲爱的同仁们为你们喝彩！

这个节日，属于你们，年轻的教师们，还有曾经年轻并将永远年轻的园丁们！你们用心灵感召心灵，用激情点燃激情，用智慧启迪智慧，你们守望青春，执着梦想，你们是菁菁校园的守护者，是青春航船的领航人，我为你们骄傲，更为你们自豪！

年轻的心因回溯历史、传承文化而庄严。"五四"不仅仅是一个节日，它更应该是一支火炬、一种精神。正是民主科学的火炬代代相传，正是为国家勇于担当的精神屹立不倒，中国人才从践踏了两百年的铁蹄下奋然挣脱，抛弃了麻醉自己、打垮自己的烟枪，而将枪口对准了愚昧与守旧、专制与压迫。精神的"长城"不倒，革新的"运河"畅通，才换来改革开放的日新月异，才换来巨龙腾飞的光辉业绩！

亲爱的同学们、朋友们，今天，是一个年轻的节日。而年轻，不仅是如霞的红唇和矫健的体魄，它更是心灵中的一种状态，是头脑中的一个意念，是理性思维中的创造潜力，是情感活动中的一股勃勃朝气，是生命历程中永远不能丧失的生长的力量！无论是十六岁，还是六十岁，只要我们不停地从人群中、从无限的时空中接收美好、希望、欢欣、勇气和力量的信息，我们就永远年轻！

不要说冰雪已过去，震灾已平复，我们年轻的身躯正积蓄着力量，时刻准备着为家国承担使命！

不要说神六、神七已上天，我们年轻的笔正描画着蓝图，时刻准备着为祖国续写属于我们这一代的奇迹！

看吧，当我们青春的目光因使命而更显深邃，当我们稚嫩的双肩因承担责任而日益坚韧，当我们逐梦的脚步融入伟大而庄严的时代旋律，我们的生命将永远年轻，永远美丽！

2009 年 5 月 4 日

新年的太阳升起的时候
——升旗仪式上的讲话

尊敬的老师们、亲爱的同学们：

上午好！

这是我们广华中学 2009 年第一次升旗仪式。我的身边是庄严的国旗在迎风飘扬，我的心中是新年的太阳在冉冉升起，我的面前是一个个青春的生命在蓬勃生长，我的两旁是一群青春的引领者在热切地守望！你们迎风而立、整装待发，又将踏上新的征程，太多祝福的话在心头奔涌，太多庄严而美好的情愫在血液中沸腾。请允许我向大家致以最真诚的问候和最崇高的敬意！

从事教育工作 20 多年来，我总是一遍遍追问自己，什么是真正美好的教育。真正美好的教育是对生命的尊重，是对智慧的启迪，是对灵魂的丰富。所以我们的教师没有把学生简单地当作知识的容器，而是从尊敬学生的认知规律、思维特质出发，积极引导学生成为自主建构、自主学习的主体；从尊重生命尊严和个性特征出发，变枯燥单调的说教为各种文化内涵丰富的情感体验和教育活动，使学生成为自主学习、自主发展、自主教育的生命主体。为此我们的教师付出了多少真情、智慧与辛劳。我提议，全体同学用热烈的掌声向亲爱的教师们表达由衷的感谢与美好的祝福！

青春的成长，在外人看来是芝麻开花节节高的喜悦。其实，对于每一个生命体来说，青春是破茧成蝶的痛苦与挣扎。亲爱的同学们，我深深地理解并认同大家的感受，我也将同全体教师一起深化教育改革，让青春的困惑在正确的疏导下烟消云散，让青春的风采在各种活动中尽情绽放，让大家的学习过程充满探究、合作和发现的快乐并收获成功的喜悦。我在这里向全体教职工和全体同学庄严承诺：我将和大家一道，倾注全部真情和智慧，把我们学校打造成教育的圣殿、成长的摇篮、心灵的家园，把她建设成一座充满生机与活力的生命之城、希望之城、梦想之城。同时，我也想对同学们说，青春，不仅意味着身体发育的日趋成熟，思维能力的日趋提高，更意味着生命意识、责任意识和使命意识的日渐觉醒。广华中学汇聚了江汉油田乃至荆楚大地的学子精英。我们为什么读书、该怎样读书，这个问题直接影响我们生命品质的高下和生命价值的大小。

"为天地立心，为生民立命，为往圣继绝学，为万世开太平。"

这种读书人的使命是何等大气、何等慷慨、何等庄严！

"心有多大，舞台就有多大。""目标越远大，实现目标的动力就越强大。"我盼望着同学们能够立大志、炼意志、勤思索、勇创新，能够多出"为天地立心"的科学家，"为生民立命"的政治家，"为往圣继绝学"的大学问家及各行各业的行家里手。

同学们，谁在年富力强时意识到生命的使命，谁在青春的岁月里把握了生命的航向，谁就是幸福人生的主人！

2009 年 1 月

自主承担　快乐生长

——2009 年 9 月开学典礼上的讲话

尊敬的老师们，亲爱的同学们：

大家好！

清风万里，又是一年好秋色！今天，我们广华中学两千名学子齐聚在这里，我们在回顾中感叹着拼搏的艰辛、生长的快乐，我们在憧憬中积聚着力量、满怀着希望，我们要在青春的下一站，带着理想，带着意志，带着真情与感恩，再次出发……

亲爱的同学们，如果你刚才受到表彰，我祝贺你——因为你知道，最美好的风光在远方！

如果你刚才并没有得到表彰，请不要失落，不要委屈，不要叹息，因为家长、老师、同学还有你自己，都记住了你的努力！我们相信你！

高三年级的同学们，我能够感受到你们的心跳，十年磨一剑，亮剑试锋芒的时刻，就在你们坚实、匆忙的脚步声中临近，加油！永不言弃、永不懈怠，我们期待着为你们喝彩！

高一年级的新生们，我们欢迎你！学校、班级、学习小组，是一片深情的大海、欢乐的江河、智慧的溪流，等待你"中流击水、浪遏飞舟"！

学年伊始，总想送大家一句话，百般思索，千番沉吟，就送大家两个字：承担。

一提起承担，同学们可能会眉头一皱，唉！沉重。

但我要说，只有承担，才能感受到生命的真谛、人格的尊严、学习的快乐，才能收获自信的力量、成功的喜悦！

打个比方吧！

旅游。

有这样几种方式。第一种是跟着家长，家长跟着导游，让去哪去哪，不记路径，走马观花。

第二种是跟着家长，跟着导游，主动体验，主动记忆。

第三种是和伙伴一起，在一位优秀导游的带领下开始一段探索之旅。导游和你们一起查阅资料，了解景点的人文和自然特征，并一同制订旅行方案。接下来，导游带着大家浏览几日，告知几天后你们将独立探险，你们要学会如何看地图、如何联系食住行、如何野外生存、如何分工管理摄影生活文艺……于是你们怀着一分好奇，努力学方法，悉心去实践，在此过程中，你不仅获取了知识，更收获了友情、自信、快乐与成功。

如果是第二种方式，你只是看到、感受到了家长和导游规定的景点；第一种呢，你甚至连路都不记得，恐怕只感到被动、疲惫和枯燥。

捷克著名小说家米兰·昆德拉有一部最负盛名的作品，叫《不能承受的生命之轻》，的确，没有承担的生命不是真正的生命。真正的尊重，是尊重一个人的主体性。

现在学校、家庭为大家提供了很好的学习条件，可是我们有些同学不乐学，不善学，常感倦怠，缺乏进取心。我感到很重要的一个原因在于缺少对生命、对生活、对学习的承担。没有责任感的人就缺乏理想，没有理想的人就没有志气，没有志气的人不可能很勤奋、很珍惜少年时光。只有那些对自己、对家庭、对人生十分有责任感的同学才能牢记自己的神圣使命，勤奋学习，不断进步。

1999年山西高考文科状元、被北京大学录取的陈胜，感慨地说："我之所以能考入北京大学，绝不是因为得到了什么特别有用的秘诀，而是因为我在小学二三年级的时候，就已经明白自己应该怎么做了，我已经很清楚自己肩上的责任了。我不能眼看着我的亲人们再为柴米油盐而发愁，我不能让我的亲人们再贫困地苦苦挣扎，一句话，我不想看着我和我爱的人们继续承受他们正在承受的苦难！所以，我必须好好读书，只有这样，我才有可能改变亲人们的命运。

"我懂得体谅亲人的艰难，我从不曾因为物质条件的窘迫而对亲人有过一丝一毫的埋怨。我很清楚，他们已经付出了太多，给予我太多，他们所付出的心血和汗水绝不亚于天底下任何人；穷困不是他们的错，我对于他们只有感激和愧疚。"

当然，并不是说所有贫困家庭的孩子都有责任感。也有很多同学，虽然他们的家庭很贫困，但他们却并不体谅父母的艰辛，也没有产生丝毫的责任感和紧迫感，他们不仅不与同学比学习、比勤奋，反而与别的同学比吃穿、比玩乐，有的同学甚至嫌弃自己的父母没有能耐。这样的学生是不可能产生奋发向上的动力的，也是不可能成才的。

值得同学们注意的是，很多富裕家庭的孩子，由于父母的过分呵护和溺爱，不仅自己从没经历过任何苦难，而且对那些从小就有强烈责任感、克服重重困难成长起来的人不理解，觉得自己家境殷实，觉得自己与贫困生没有可比性，因此，不用像他们那样努力奋斗。这样的理解也是错误的、片面的。家庭条件优越的孩子应该学习的是贫困生那种不怕困难、敢于承担责任的精神和品质。人家在那样艰难的情况下还在奋斗，你的父母为你提供了那么优越的条件，你成长的困难比别人小，更应珍惜机会，努力学习。否则，身在福中不知福、不惜福，是会抱憾终生的。

有这样一个故事：美国一位著名心理学家为了研究母亲对人一生的影响，在全美选出50位成功人士（他们都在各自的行业中取得了卓越的成就），同时又选出50位有犯罪记录的人，分别写信给他们，请他们谈谈母亲对他们的影响。有两封回信给那位心理学家的印象最深。一封是白宫的一位著名人士寄来的，一封是监狱的一位服刑人员寄来的。他们谈的都是同一件事：小时候母亲给他们分苹果。

那位监狱的犯人在信中这样写道：

小时候，有一天妈妈拿来几个苹果，我一眼就看中了中间那个又红又大的苹果。妈妈问我和弟弟：你们想要哪个？我刚想说想要最大最红的一个，这时弟弟抢先说出我想说的话。妈妈听了，瞪了他一眼，责备他说："孩子要学会把好东西让给别人，不能总想着自己。"于是，我灵机一动，改口说："妈妈，我想要那个最小的，最大的留给弟弟吧。"

妈妈听了，非常高兴，在我的脸上亲了一下，并把那个又红又大的苹果奖励给我。我得到了我想要的。从此，我学会了说谎。以后，我又学会了打架、偷、抢。为了得到想要得到的东西，我不择手段。直到现在，我被送进监狱。

那位白宫的著名人士却是这样写的：

小时候，有一天妈妈拿来几个苹果，我和弟弟们都争着要大的，妈妈把那个最大最红的苹果举在手中，对我们说："这个苹果最大最红最好吃，谁都想要得到它。但是，要想得到自己想要的东西，就必须承担相应的责任，付出一定的辛苦。现在，让你们来做个比赛，我把门前的草坪分成三块，你们三人一人一块，负责修剪好，谁干得最好，谁就有权得到它！"

我们三人比赛除草，结果，我赢得了那个最大的苹果。

我非常感谢母亲，她让我明白了一个最简单也最重要的道理：要想得到最好的，就必须承担相应的责任，就必须努力争第一。她一直都是这样教育我们，也是这样做的。在我们家里，你想要什么好东西要通过比赛来赢得。这很公平，你想要什么、想要多少，就必须为此付出多少努力、责任和代价！

亲爱的同学们，让我们从身边小事做起，做力所能及的"家务"，把寝室收拾得干净整洁；在班级自主管理里，树立服务意识。"扫一屋而扫天下"，从点滴小事中学会自主自立，学会承担！今日"修身"，明日定能"齐家治国平天下"！

我们更要做学习的主人，课堂的主人。课堂是素质教育的主渠道，校园是学生自主学习的乐园，我们在这里探究科学的奥秘。我们既是管理者，又是组织者、参与者，我们在自主学习的过程中树立自信、获取知识、掌握方法，提高自己的综合素质。

不要总抱怨家长、学校、班级、老师、同学，不要总抱怨学习艰苦、任务繁重，要敢于面对现实，勇于承担一个学生的责任，在承担中感受责任的庄严，在承担中增长智慧，提升人格，增长才干。

我很欣赏一所名校学生会的号召，这里分享给大家："提升人格，做祖国的主人；自主发展，做学习的主人；参与管理，做校园的主人；同心同德，做母校的主人！"

亲爱的同学们，我们深知，生长的过程是幸福的，也充满了艰辛和挑战，但我们不会抱怨，不会逃避，因为我们是为了自己树立的美好理想在奋斗，在求索。

青春的渡口，千帆竞渡，我们整装待发。

青春的田野，群芳争妍，我们在自主生长中笑绽芳华！

2009 年 9 月

强大内心　享受艰辛
生长希望　播种未来
——2010 年上学期开学典礼上的讲话

尊敬的老师们、亲爱的同学们：

下午好！

我同大家交流的话题是"强大内心　享受艰辛　生长希望　播种未来"。

学期伊始，沉寂了一个寒假的校园，仿佛在一夜之间从严冬的酣梦中苏醒过来。是同学们期冀的眼神，点亮了校园的天空；是同学们逐梦的脚步，催生了春天的诗行，奏响了春天的乐章。我感受着青春的美好气息，感染着青春向上的力量，我的心在呼唤：我爱广华中学，这是一座生命之城、希望之城！我爱同学们，你们是广中的希望、广中的梦想！

同学们注意到主教学楼大门上的对联了吗？那是我在春节前夕撰写的，寄寓着广中教育工作者的教育梦想。上联是"广集荆楚俊杰德艺双馨倾情生态高效课堂育栋梁"，下联是"华润江汉英才学思并重历练强大内心世界立乾坤"，横批"虎虎生威"。

何为强大的内心世界？庄子说："举世誉之而不加劝，举世非之而不加沮。"这恐怕是少年人难以修炼和企及的。我们中学生应该怎样修炼强大的内心世界呢？

首先要胸襟开阔，心怀天下，有抱负、有担当。我特别欣赏北宋大学问家张载，他说读书人应"为天地立心，为生民立命，为往圣继绝学，为万世开太平"。多么大的气魄！可能有同学会不以为然：读书不就是为了上好大学，找好工作，挣大钱吗？如果我们把学习、人生的目标仅仅放在个人享乐和追求金钱上，那我们必将陷入空虚与迷茫。

其次，要有开放的心态，学会与人合作。也许在有些同学看来，课堂上的一些讨论探究，学校、班上的一些活动全是浪费时间，因为他们学习的目的是分数。我要说欲速则不达，现在高考题不是越来越倾向于对探究能力、创新能力的考查吗？社会对人才的要求不是越来越强调合作精神吗？360公司创始人周鸿祎曾说："创业者要有一个开放的心态。懂得欣赏包容他人，你要有开放的心态才能与你的伙伴合作，在这个开放的世界里单打独斗寸步难行。"有些成绩优秀的同学特别怕失败，怕被别的同学超过，这就是内心不强大的表现。如果我们有正确的学习动机，并用开放的心态去接纳他人的优秀和自身暂时的失败，这还是问题吗？有同学刚上高中感到心理压力大，觉得班上群英荟萃，自己不再是中心不再有绝对优势，心中纠结。我想对这些可爱的新同学说：不要怕。真诚地去欣赏他人。在小组合作学习中你会发现天地是那么大，每个人都有丰富的内心世界、独特的思维个性和性格特质。渐渐地你能坦然地对伙伴说这道题我不懂，给我讲讲；渐渐地你会欣然地帮竞争对手解决难题。互相欣赏、互相包容、互相学习、共同提升，这是多么美好的班级文化、多么美好的学习生活！

最后，还要有恒心和韧性。有人总结成功的要素是毕生理想、近期计划、今日功课。简单的事情重复做，烦琐的事情反复做。曾有人感慨地说："每一个成功的学者和创业者都可以举出无数例子证明自己过的不是人过的日子。"

很多同学和我谈心时对我说："吴校长，这样的日子太苦了。我们熬三年，太难了！"我想给大家讲一个真实的实验：科学家让西欧人和泰国人一起吃同样的咖喱饭，结果西欧人对该食品的营养吸收率比泰国人低百分之四十。什么原因？因为泰国人喜欢吃咖喱，他们用享受的心情在吃，所以营养吸收率高；而西欧人不喜欢咖喱，是以忍受的心情在吃，所以营养吸收率很低。所以，同学们，当我们感到对知识的营养吸收率太低的时候，我们是否应该反思，我们是不是该换忍受的态度为享受的心态呢？有一位叫王秋杨的女企业家，她是中国首位成功到达"地球三极"的女性。三极就是南极、北极还有珠穆朗玛峰。杨澜采访时问王秋杨："那么多人决心很大，毅力也很顽强，身体条件也比你好，他们在登顶的最后时刻都不得不放弃了，你是怎么熬下来的？"王秋杨回答说："除了有极大的热情，完善缜密的准备外，更重要的是我在享受登山的过程。我从来没有觉得自己是在熬。登山过程中的风景包括种种艰辛，我都在享受。"

同学们，生命的春天，理想的原野，正在将我们召唤，让我们迎着新年的阳光，播种未来，生长希望。让我们享受青春赋予我们的做梦的权利、追梦的权利，让我们享受一点一滴的进步，享受真情、感恩生活，享受艰辛、感恩失败，最终我们都将走向成功！加油！让广中教育集荆楚俊杰德艺双馨倾情生态高效课堂育栋梁，愿广中学子德才兼备学思并重历练强大内心世界立乾坤！

2010 年 3 月

不要丢了形象

每当看到同学们纯真灿烂的笑脸，忙碌充实的身影，我就感到无比欣慰和骄傲。但有一种不良现象一直像一块大石头，压在我的心头，使我如鲠在喉，不吐不快。

整洁的水泥地，翠绿的草坪，总有白色垃圾刺目的身影；花花绿绿的饮料瓶，还挂着油腻残渣的饭盒，在楼梯口、校门口若隐若现。每当这时候，我气不气愤？气愤！但更多的是沉重，是自责！这乱丢垃圾的是自己的学生啊！他们乱扔的不是垃圾，是自己的形象，更是学校的形象！

垃圾不乱扔，分类放入垃圾箱，再统一处理，这已是人类的共同行为准则。其实，这一文明的准则是来之不易的，是人类付出了惨重的代价换来的。中世纪的欧洲，文明的曙光还没有将历史的天空照亮，垃圾乱扔乱倒，城市的早晨随处可见有人将粪桶里的秽物从窗口泼到街上。恶习导致水源污染，瘟疫横行。欧洲在一场流行病中丧失了1/3 的人口。

"仓廪实而知礼节"，人类的精神文明紧随物质文明的发展而日益厚重、璀璨，并日益成为物质文明发展的基础和指引。而今，漫步世界各大城市，我们看到的是风格各异但同样整洁的城市画卷，更是一个国家、一个城市良好的形象。在这样的画卷中我们感受到的是惬意与满足。但我们的同胞在国外却屡屡遭遇这样的尴尬：在一些国家的电梯、公车、洗手间等公共场所只用中文写着"不乱丢垃圾，不随地吐痰！"同学们，奇耻大辱啊！乱扔垃圾，背弃了人类共同的文明准则，丢弃了个人形象，也扔掉了一个国家的文明和尊严！

全国政协委员赵启正在全国政协举行的"以文化建设为主要内容的国家软实力建设"专题协商会上袒露了他的忧虑："奥运会和世博会临近了，我们对硬件建设很有把握，最担心的还是中国公众的文明表现。"飞速发展的中国经济，已让世界刮目相看，我们正充满自信地要与世界接轨，我们的公众素质也应该同步和国际接轨！可是，像不遵守交通规则、不排队、乱扔垃圾、在公共场所大声接打电话等不文明行为，仍然随处可见，比比皆是。这种粗俗的形象，让我们站在世界的舞台上时显得异常尴尬！

文明素质是一种习惯，而对素质的要求当中，最起码的要求就是学会尊重。尊重社会公德，尊重他人的劳动成果，珍爱我们共同的家园。

这不也是对自我美好形象的珍视，对自身人格尊严的珍爱与尊重吗？

不要再让四处飞散的白色垃圾灼痛双眼，不要再让坠地的秽物在心头砸下沉闷的钝响。多走几步，把垃圾扔进垃圾箱，文明，其实离我们并不遥远！

我期待着，咱们学校的每一位学生，从小事做起，尊重文明，融入文明，践行文明，今天做文明学生，明天做文明公民。一个学校培养出的学生都是具有文明素养的人，这比"高升学率"更让一个学校自豪！我期待着！

2008 年 4 月

在曲折中前行 于逆境中放歌

——就职演说及新春致辞

尊敬的各位领导、老师们，亲爱的朋友们：

大家好！

又一次站在这里，站在江汉教育界的精英面前，站在新旧年的交接点上，太多感激的话、祝福的话，在心头奔涌；更有一份庄严、圣洁的使命感，在血液中奔腾！

我要感谢大家！是大家的信任、支持和包容，使我有勇气再一次以挑战与超越的姿态，去承担一份庄严的使命。一位作家说过："人生最大的幸福莫过于在年富力强的时候意识到了自己的使命。"所以，请允许我向大家表达最真诚的感谢！谢谢大家！

我更要代表教育集团的同仁，代表这片土地上的父老乡亲，感谢大家这么多年的忠诚守望、艰辛付出与卓越创造！亲爱的朋友们，我不能呼唤新春的暖风拂去大家的疲惫与辛劳，但我相信那一颗颗被真情与智慧感召过的心灵，已经铭记了大家的恩情，见证了大家的价值！谢谢大家，你们辛苦了！

任命公示期间，太多朋友打来电话表示祝贺，祝贺我能够光荣地成为广华中学的一员，但我的内心一天也没有轻松过。一位同事这样对我说："我从您的脸上读出了两个字——敬畏。"

是的，亲爱的朋友们，我深深地敬畏这一份沉甸甸的责任。广华中学是江汉教育的支柱、窗口、出口，她承受着太多的期待，太重的负荷。而广中人顶着压力，担着重负，付出了太多的艰辛与汗水。我该如何带领大家一起冲破发展瓶颈，在激烈的市场竞争中成功突围，把学校打造成一座生命之城、希望之城、梦想之城，让每一位学生沐浴人性的光辉，感受成长的喜悦，让每一位教师体验到教育者的幸福、自豪与荣光？

怀着深深的敬畏，我庄严承诺：我捧着一颗心来，不带半根草去；一心为公，不谋私利；唯才是举，唯贤是用；不搞帮派，不抱成见；不偏听，不偏信。什么是好干部？受教师欢迎、有业绩、讲奉献，能够带出一个有正气、有追求的团队的干部，就是好干部！什么是好教师？受学生爱戴，有教绩、有追求，能够与时俱进，能够为学校树立形象、赢得口碑的教师，就是好教师！我愿意俯下身子全心全意为大家服务！

广华中学是一座荟萃了教育集团英才的圣殿，大家性格有别，经历各异，自成一家，各有高招。怎样将大家凝聚到一起，并让每一个人都保持活力与激情，是广华中学迅速发展的关键。尊重、信任、关怀，是我不竭的财富；激励、引领、感召，是我不二的法门。"双生长"的管理理念，是我十多年来教育管理的心得沉淀，也是数百万字中外管理书籍的阅读提炼。干部与教师一同生长，教师与学生一同生长。管理者从尊重与信任出发，唤醒与激励教师，让教师绽放生命与智慧的巨大潜能。教师从尊重与信任出发，唤醒与激励学生，让学生的生命与智慧迸发出巨大能量。学子们在这里寻找梦想与希望，教师们在这里寻找事业与激情。我们不会把困难和压力当作生命的包袱，而是把挑战和超越当作生命的抱负，因为我们知道背着包袱工作和学习，迟早会成为幸福征程的逃兵；怀着抱负去学习和工作，才能体验到生长的快乐与创造的激情。在曲折中前行，于逆境中放歌，这何尝不是一种生命的美好与庄严！

亲爱的朋友们，"求实创新，和谐发展"，是追求真理、锐意创新、团结进取，闪耀着科学精神，充盈着人文气息的广中文化。"风起于青蘋之末"，正如汉江水起源于雪山上的一汪清泉一样，广中文化中独具魅力的人文性和科学性，是在过去数十年的发展过程中逐渐孕育并点点滴滴汇聚而成，最终成为一种可以用文字表达、用制度体现、用教学成果和每一位教师的人格魅力、个性风采、业务水平来展示的一种文化和现象。新东方的副校长徐小平说得好："一个人能创造多大的价值？所以我们需要合作，合作的基础当然不能仅仅基于友情，更重要的是利益的协调，智慧的相互完善，还有人格的魅力和必要的妥协。"庄子有云："人之生，气之聚也；聚则为生，散则为死。"让我们相互信任、相互扶持、相互理解、相互学习，为生存而凝聚，为发展而超越，把广华中学打造成有特色、有规模、有品牌、有口碑，在荆楚大地上独树一帜的名校之星，梦想之城。

愿新年的阳光照耀在广华中学这座教育圣殿的楼群之巅时，科学的光辉、人性的光辉会将太阳的光芒折射到更远的地方！

最后，请允许我在牛年到来之际，向各位教育界的"牛"人，表达最真诚最美好的祝福，祝大家家庭幸福、爱情甜蜜、事业"牛气冲天"！

2008 年 12 月 31 日

甘守平凡 缔造幸福

——2010 年新年酒会致辞

尊敬的领导、老师，亲爱的朋友们：

金牛辞岁飞雪送春，神虎啸林万象更新。今天，我们广华中学的教育工作者欢聚一堂共度佳节，请允许我向大家致以节日的问候和崇高的敬意，并向莅临我校的集团领导表示热烈的欢迎和由衷的感谢！

我们崇尚平凡，甘于平凡。在过去的一年里，正是有了大家日复一日的平凡坚守，才换来广华初级中学中考的卓越与辉煌；才换来以"361 模式"为抓手的优秀校园文化的成功打造！从你们俯下身子与心有困惑的孩子对话的姿态中，我们看到了人格的高大和灵魂的崇高；从你们面对困难时坚毅而柔和的笑容中，我们看到了智慧的火花与心灵的坚韧；从你们匆忙奔走于学校与家庭的步履中，我们聆听到了责任的厚重与幸福的旋律！请给予我这样的荣幸，我提议大家用热烈的掌声向初级中学的教职员工表达我们诚挚的敬意和深深的祝福！

我们渴望幸福，缔造幸福。教师最大的幸福来自于学生对我们学识的钦佩，人格的敬重，情感的依恋。我们把学生学业上的困惑，心理上的迷茫，行为上的偏差都视作生长中的问题。我们针对这些问题去探讨去实践，寻找更科学、更人性化、更能走进学生心灵的教育教学方法，就是同学生一同生长。一年来，我们围绕生态高效课堂的打造，逐步丰富了"双生长"的内涵，深化了"双生长"的教育管理理念。我们研究教育，研究学生，我们践行"尊重生命·启迪智慧·丰富灵魂·和谐发展"的办学理念，我们顺应天性，适应个体，我们尊重科学，尊重生命，让学生和谐地卓越地生长……"春风贺喜无言语，排比花枝满杏园"，当我们在激励、互助、分享、承担、交流的新课程文化中感受到生长的喜悦，这千百年来传递人类文明的杏坛便更辉煌更美好，更能让人收获幸福与荣光！尊敬的老师们，你们辛苦了！请允许我为你们的奉献与智慧喝彩！

我们憧憬未来，创造未来。新年的钟声就要敲响，2010 年的太阳正在酝酿，正在攀升，它就要在庄严的地平线上灿烂地喷薄！亲爱的朋友们，我们肩负使命，任重道远；我们面临挑战，上下求索。我们的目光坚毅、深沉、明净，我们的心态笃定、激越、平和！是啊，无论岁月如何流逝，我们与事业同在，与青春同行。我们永远不会老去，我们在幸福地生长。同生长中的教育事业，同生长中的伟大时代，同生长中的美好生命，共同生长，一路前行！生长就是力量，生长就是希望。我们永远不会抱残守缺，永远不会故步自封。我们坚守平凡，追求卓越；我们执着信念，创造辉煌！看，金牛辞岁，深情眷眷，让新年的春风吹散大家一年的辛劳与烦忧，让新年的阳光为亲人们带去温暖的问候与祝福。祝大家阖家欢乐，万事胜意，爱情甜蜜！听，神虎啸林，福被天地，我们的伟大祖国、我们的教育集团、我们的广华中学，定将虎跃龙腾，生机勃勃，鹏程万里！

2009 年 12 月 31 日

让我们一同生长
——"双生长"论坛开坛讲话

教师不是蜡烛，不应被点完耗尽；教师不是春蚕，不应作茧自缚。教师应该是同学生一同生长的生命个体，这就是我的教育管理"双生长"理念。

经常有人问我：在社会上普遍把升学率当作衡量一所学校发展水平的标准的今天，这个理念究竟有什么意义？今天的这个论坛明确地回答了这个问题。它让我看到了通过研究、通过创造产生愉悦后的那一张张充满幸福感的笑脸。感谢我们教研室的专家们，感谢走上论坛的教师们。这次论坛，让我们享受了一次高质量、高品位的精神盛宴。

无论是"双生长"文章导读，还是"双生长"论坛开坛，这些活动坚持不懈地开展，使我们对教育的认识与理解不断提升，教育的智慧不断生长，生存的状态不断地变化。教师们能从课堂的变化，学生的成长和社会、家长的充分肯定中找回自信，感受职业的价值与幸福。正是这样一种"教师生长观"的转变与体验，成为我全力投入工作的不竭动力，并成为我甘愿为之奋斗终身的目标与理想。

"让每一位学生自主地健康地生长"，是我们探索与奋斗的目标。虽然前进的道路上充满艰辛与坎坷，但作为校长，我必须坚持这种"学生生长观"，同时，更要把它运用到我及全体教师的具体教育实践中去。我们要追求既"成事"又"成人"，在"成事"中"成人"的教育目标。

让我们一同生长，用高境界的教育提升我们生命的质量。

2009 年 1 月

潮平两岸阔　风正一帆悬
——在高三年级学生"成人礼"上的讲话

亲爱的同学们：

"军歌遏云气如虹，十八儿女列如松。报得春晖任何重，远航新程岂峥嵘。"听你们穿云裂帛的嘹亮军歌，望你们临风玉立的挺拔身姿，我因你们的深情感动，我被你们的气魄震撼，我为你们的青春欢呼！

我要用最美丽的春天比喻十八岁的你们！陈独秀先生这样讴歌："青年如初春，如朝日，如百卉之萌动，如利刃之新发于硎，人生最可宝贵之时期也。"你们已进入精力最旺盛、思维最活跃、创造力最强大的人生的春天。此时此刻，山川见证，日月同贺，祝贺你们——你们成年了！

梁启超先生说："人生于天地之间，各有责任。知责任者，大丈夫之始也；行责任者，大丈夫之终也。"十八岁的骄傲不仅仅来自生理的成熟、青春的风采，更来自内心的强大与责任的担当！习近平总书记语重心长地说："青年一代有理想、有担当，国家就有前途，民族就有希望。"我何其幸福，在这难忘而美好的春天，再次见证秉承"下学而上达·先忧而后乐"之精神成长起来的广中学子高扬梦想与责任的风帆，将青春的航船驶向中华民族伟大复兴的航道！

这是一个美好而难忘的春天。在这个春天，我们重见国泰民安，海晏河清。我们重新回到学校，聆听老师们的面谈心授，与同学们携手共进；我们甚至走进电影院，见证一位喜剧演员第一次当导演就创造50亿票房的奇迹；在这个春天，武大的樱花不再寂寞，用如梦如云的花海迎接八方来客，更回馈四海的援鄂恩人；在这个春天，我们的外交官团队，以强大起来的中国人民的底气，战胜了阿拉斯加的严寒，并将中国共产党人打造人类命运共同体的最强音传遍全世界！

在这来之不易的幸福的春天里，我们更不会忘记2020年，那一个极其不平凡的春天。那一年，广中师生的辛勤与智慧在疫情大考中得以凸显。咱们的学长燕来啸同学全省前五名的高考佳绩和全校师生刷新历史纪录的各项成绩，融入广华中学五十周年华诞的美好记忆，融入全国人民在党的领导下同心同德共克时艰的壮阔画卷！

那一年的春天，全球新冠病毒肆虐。"沧海横流方显英雄本色"，当全世界所有的国家，面对同一张试卷，同一场大考——社会制度，孰优孰劣；执政之党，谁为人民？——"山高月小，水落石出"，事实胜于雄辩，答案自在人心。

那一年的春天，我们共同见证伟大的中国共产党以最果敢的决心，最坚定的信念，不惜一切代价兑现"人民至上、生命至上"的庄严承诺；那一年的春天，9000万基层党员听从党的号令，舍生忘死，先忧后乐；那一年的春天，14亿中国人民在党的领导下，上下一心，众志成城，共同打赢了疫情防控阻击战、脱贫攻坚战，中国人民从此豪迈地登上全面建成小康社会的历史舞台！当我们饱含自豪的泪水，提交胜利的答卷；当我们透过深情的泪水俯瞰山川庄严，亲爱的同学们，我们心底涌动的是怎样的感恩与庆幸，扎根的又是怎样的信仰与热爱！

2021年，是我们高三年级莘莘学子，十八而志成人之年，更是伟大的中国共产党建党100周年。一百年的血与火，足以炼就真金；一百年的求与索，足以明鉴丹心。中国、中国共产党、中国人民——利益一致，命运同系，荣辱与共，共筑复兴梦。如果我们不需要任何理由去热爱我们的祖国与人民，那么，我们就有一万个理由去热爱与拥戴祖国与人民的太阳、舵手、旗帜、公仆——伟大的中国共产党！

百年征程波澜壮阔，百年初心历久弥坚。胸怀千秋伟业，我党恰是百年风华；肩挑家国天下，吾辈正值青春芳华。展望2050年，我们的祖国将实现伟大的中国共产党确立的两个"一百年"奋斗目标，将成为伟大的社会主义现代化强国。也就是说，同学们从18岁到知天命之年这黄金般珍贵、锦瑟般美好的32年岁月，恰好与中国梦的全力追梦、精彩圆梦同步！你们是多么幸运的一代人！你们又将多么自豪地担负起这重大的时代使命！

十八凌云志，家国天下任。青春的航船，在千帆竞渡的港口，整装待发。我代表学校党总支赠送大家一本《中国共产党简史》，让党的伟大与平凡、初心与愿景成为同学们可感可触的精神脉络；让党的丹心与信仰、风采与魅力，在吐纳呼吸、偃仰啸歌中融入我们的精神骨血。铭党恩，报国情，相信有这样的初心和信仰相伴，我们一定能够以最平常的心态、最非凡的勇气和智慧，在高考考场上书写下最忠诚最精彩的答卷；有这样的初心与信仰相伴，我们精神的航船，永远不会滑入精致的利己主义、庸俗的功利主义的暗流，永远不会陷入虚无主义、个人主义的滩涂……

响应党的号召，聆听党的召唤。我们青春的价值将因担当而熠熠生辉，我们梦想的航船将因融入中华民族伟大复兴中国梦的洪流而行稳致远！我们期待像邓稼轩、钱学森、黄大年等科技报国的海归人才那样，在中华民族伟大复兴的广阔舞台最大限度升华人生的价值；我们期待像于漪、任正非、钟南山等各行各业的领军人物那样，在中华民族伟大复兴的宽阔航道上，中流击水……

"潮平两岸阔，风正一帆悬。""急鼓催日月，热血写青春。"

十八而志，大任始承；十八而志，怀瑾而行。亲爱的同学们，沿着南湖红船开辟的航道，我们出发啦！

触电大赛　倡导阅读
——在湖北赛区启动仪式上的致辞

尊贵的来宾，尊敬的专家、领导，媒体朋友们，亲爱的同学们：

上午好！

杉林列队翘首望，蓬门何幸满庭芳。道远地僻愧贵客，舰列盛典话衷肠。

这是第 12 届中国中学生作文大赛湖北赛区的启动仪式现场，这里群贤毕至，星光闪耀。我是一名物理教师，作为文学的门外汉，我就不班门弄斧谈文学创作，我只谈谈广中教育在作文大赛中的成长，谈一谈阅读和写作对广中教育的滋养。

广华中学参加了三届中国中学生作文大赛，所获得的成绩一年一个台阶。全省 50 个省级特等奖指标，第九届，我校斩获 3 个；第十届，我校 7 人获得省级特等奖，两人分别以省第二、三名的成绩挺进全国决赛，占全省入围人数的二分之一；第十一届，我校8人获得省级特等奖，李知聪、杨哲成同学分别以湖北省第一名和第二名的成绩入围全国决赛，在香港举行的总决赛中双双荣获全国一等奖——杨哲成同学以全国第二名的成绩，获得大赛最高荣誉"文学之星"称号，李知聪同学获得"文学之星"提名奖。

"问渠那得清如许，为有源头活水来。"作为一名教育工作者，我常常思考这样两个问题：我们如何回归教育的本质？广中毕业的学子有怎样突出的特质？为此我提出"尊重生命·启迪智慧·富贵灵魂"的办学理念，并从我国古代文化典籍中提炼出"下学而上达·先忧而后乐"的校训。我认为，最贴近教育本质，最能让学生在审美的情境中获得情感体验，从鲜活的艺术形象中获得感召，于精彩的故事中触摸人生、促进思考、丰富灵魂的学科就是语文。我校改革封闭式、解构式语文教育模式，实施群读教学法，以课文为发散点，把大量文学名著引进课堂。校本课程更是在学生"听说读写"能力培养方面下足功夫。我们办好杉石文学社，开设忧乐创作者协会、清音诗歌协会、下学名著研读协会、上达演讲协会、曹禺戏剧协会，并创办《杉石》杂志，培养了一大批眼界开阔、心怀天下、富有创新精神的高素质人才。知名电视剧《青盲》的编剧张海帆就曾经是广华中学杉石文学社的优秀成员。前任文学社社长李承宇同学2013年获湖北省黄鹤美育节诗歌朗诵大赛第一名。文学社社员笔耕不辍，还涌现出以何雨珩和周雨然为代表的一批"小作家",他们的作品屡见报端,网络小说点击率爆棚。周雨然创作出十万字小说《花樽与花》,已有十多家出版社与其联系,作品即将付梓。何雨珩同学有一百多篇作品发表,并受聘为湖北省少年作家协会会员、中国少年作家班小记者。现任文学社社长杨哲成同学之所以能够在总决赛中,轻松闯过现场写作、文学常识笔试、抽签问答、即兴演讲等四关,力挫南京外国语学校、北京中关村中学、天津南开中学等名校高手,这和他平时在阅读中的浸染、课外活动中的历练息息相关。

作文大赛的蝴蝶效应还在扩散中。历届作文大赛我校都有300多人获得省三等奖,近百人获得省二等奖,20多人获得省一等奖以上的荣誉,加之数理化生竞赛也斩获颇丰。因此,我校高校自主招生一审通过人数位列全省前15强,被权威网站评为高校自主招生全国500强名校。大赛所激发出来的追求卓越、勇毅担当的精神,激励学生在学习和生活中勇于拼搏,为校争光。继杨哲成作文大赛取得突破性成绩后,我校段欣宸同学在国际奥林匹克创新机器人大赛中夺得中国赛区一等奖第一名;我校女子足球队挺进湖北省中学生女子足球赛前五强……

这都不是我们最值得骄傲的,最让我欣慰的是记者反映,在香港决赛中,当香港作家梁凤仪女士提到,她感动于有这么多香港少年参加到中国中学生作文大赛中,有这么多香港年轻人还深深记得自己是中国人时，一直为香港"占中"事件扼腕叹息的杨哲成同学应声跳起来，双手举过头顶流泪鼓掌。在他的带动下，现场来自全国 27 个赛区的数百名少年掌声雷动！这就是广华中学培养出来的具有真挚的爱国情怀的好少年，这就是中国中学生作文大赛培养和历练出来的有家国情怀的文学之星。由此观之，我怎能不为广中学子感到骄傲，怎能不对中国中学生作文大赛的组委会和主办方敬意萦怀？

我有这样的教育梦想：让"以阅读为荣"成为学校的价值观，让"以阅读为乐"成为伴随广中师生终生的生活模式。国务院参事王京生说，在这个世界上有两件事最积德：第一是劝人为善，第二是劝人读书。读书是一种致敬良知的行为，读书坚持下来，就是向良知出发，向未来出发。习近平总书记这样讲述他的文学情缘："上山下乡的时候，我 15 岁。我当时想，齐家、治国、平天下还轮不到我们去做，我们现在只能做一件事，就是读书、修身。""车尔尼雪夫斯基是一个民主主义革命者，他的作品给我们不少启迪。他的《怎么办？》，我是在梁家河窑洞里读的，当时在心中引起了很大震动。书的主人公拉赫美托夫，过着苦行僧式的生活，为了磨炼意志，甚至睡在钉板床上，扎得浑身是血。那时候，我们觉得锻炼毅力就得这么炼，干脆也把褥子撤了，就睡在光板炕上。一到下雨下雪天，我们就出去摸爬滚打，下雨的时候去淋雨，下雪的时候去搓雪，在井台边洗冷水澡……"可见，青少年时期的阅读对人的影响有多深！

而中国中学生作文大赛所做的正是这样引导人向善，引导人读好书的大善事。"诚信""中国梦""我的未来，我的路""我成长，我担当"……这些大赛主题，持续不断地传递着正能量。第12届中国中学生作文大赛的主题是"创新世界，我来啦！"创新是中华民族走向复兴的必由之路。我常常思考：为什么一些国家一直走在创新的前列，而有一些国家却只能蹒跚而行？这除了与资本、科技、市场、集成能力、制度等一般性创新要素有关外，更重要的则是背后隐然存在的文化软实力。而文化的形成最终来自其背后的默默支撑——阅读。在历时两个月的创作准备期，我校学生围绕大赛主题，大量阅读文学书籍。创作的过程就是自我教育的过程。这样一种铭心刻骨的阅读，所带来的深远意义远胜于获奖的价值。

作文指导工作绝不仅仅是一门技术，更是一门艺术。教师们在引导阅读兴趣、激活灵性、张扬个性方面，大有文章可做。我在这里代表广华中学，向各位专家，向大赛组委会，郑重承诺：我校一定悉心指导学生阅读、思考、写作，让创新的火种、家国的情怀在参赛过程中浸润心田。

文生辉，德生香。立言立德细思量，眷眷深情岂能忘，学子报国来日长！

最后，我再次向各位关心青少年成长、热心公益事业的专家来宾、媒体朋友表达由衷的敬意和感谢，并预祝本届大赛取得圆满成功！

文化制度篇

校本教研制度在活动中重建
教师专业发展在教研中实现

　　伴随着新课程改革的前进步伐，关于校本教研制度建设的理论和实践研究方兴未艾。如何更好地开展具有自身特色的校本教研制度建设？我们在湖北省"校本教研制度建设和学习型组织建设"总项目组研究专家引领下，通过学习培训、调查研究，创新校本研究制度建设管理机制，创生出以"双生长"论坛为平台，以《双生长文摘》《双生长报》为载体的教师专业发展培训制度。通过以导学案为抓手的"生态高效课堂教学"主题教研活动的开展，进一步优化了集体备课、观课议课、教学反思等常规教学教研活动，并取得阶段性成果。2010年10月，广华中学以高分通过湖北省示范学校复评。实施新课程以来，学校积极探索生态高效课堂教学，有5位教师获得湖北省青年教师优质课比赛一等奖（政治、物理、信息技术、音乐、语文）。校本课程开发有序推进,编撰校本教材 32 种。在湖北省"校本教研制度建设和学习型组织建设"项目组校长论坛上,我的《重视校本研修制度的科学重建,促进教师成长方式的有效转变》和教研室主任的《让教师在校本教研制度建设中幸福成长》两篇文章均获省总项目组一等奖。我们深切感受到校本教研制度建设实实在在地推动了学校发展,校本教研制度建设也真真切切促进了教师专业成长。在 2010 年 7—12 月这一阶段的工作中,我们的具体做法是创新教研管理机制,搭建教学研究平台,聚焦生态高效课堂教学,构建以人为本制度,引领教师在新课改中幸福成长。

一、创新校本教研机制,激发教师教研内驱力

校本教研制度建设,最重要的应该是机制建设。建立一个引领顺畅、环节紧凑、上下协调、灵活高效的校本教研机制,有利于激发教师教研的内驱力,点燃教师专业发展的激情;有利于盘点教研过程绩效,剖析教研过程疏漏,革除传统教研积弊,从而构建人性化的教研制度。

1.改革校本教研的管理模式,由条块分割、层层推进到扁平推进,努力提高校本教研机制活力。

顺畅协调、灵活高效的管理体系的建立和运行是校本教研的基石。新课改前我们学校教研组织机构层次繁复,条块分割。许多活动效果不佳,不仅占用了教师工作时间,而且增加教师精神负担,是教师不愿参加教研活动的重要原因。实施新课程以来，学校充分挖掘校本教研管理人才，进行了校本教研机构的改革创新。学校教研机构由原来的校长—副校长—教务教研主任、年级主任—学科教研组长—备课组长—教师"六位一体"的教研管理机制，变革为校长—教研主任、学科科长（即教研组长）—备课组长—教师"四位一体"的，新型的、基于教师发展的校本教研管理体系。

校长是全校校本教研第一责任人，宏观上是校本教研的组织者、领导者。校长领衔，上下一体，"困难，困难，老大出马就不难"。分管校长是校本教研的直接责任人，指导和督促教务处、教研室、学科组制定教研计划，选定教研课题，落实协调校本教研活动。

教研室主任做好校本教研的整体规划、理论引领、方法指导、组织评估评价、校本教研制度的研究管理工作。学科科长是校本教研活动的组织者。学校根据学科队伍建设实际情况，将基本研究单位分成8个学科教研组，32个备课组。学科科长属于学校中层干部序列，参加学校每周例会，是学科组校本教研第一执行人，负责具体设计、组织、考核、评价本学科校本教研活动。处室主任、年级主任既是学科成员，也是协助人和督导员。

备课组长是校本教研活动具体执行者，负责组织本组成员开展教学教研活动，并负责具体实施校本教研制度的建设方案。

全体教师都是参与者、行动者、研究者。

"四位一体"扁平式教研组织机构，由"金字塔式"的层级管理，过渡到扁平式管理，校本教研重心下移，将教研主动权下放到学科组备课组，大大减少机构层次，缩短了学科教研的磨合时间，便于加强学科队伍建设。8 个学科科长纳入学校中层干部序列，直接参加学校每周学习、工作例会，既提高了学科科长在校本教研中执行者地位，又增强了他们引领学科校本教研的责任，他们自身又在学校例会中得到系列培训。他们直接统领 32 个备课组开展校本教研活动，保证了研究过程有序推进和研究质量的有效提高，学校教师专业发展开始走上校本"研修、科研、培训一体化"轨道。

2.优化校本教研制度。去粗取精，从梳理规范走向人本创新。

制度本质上是关系的调整。制度完善，是管理成熟的重要特征。在教研实践中，我们逐渐认识到，要让制度来维护教研的运行，让制度来提升教研的质量，让制度激起参与者的热情。要淡化"行政指令、任务驱动、刚性约束、形式检查、结果评价"的外压式管理，强化"依托教师、成就教师"的意识，努力彰显"尊重差异、引导激励、服务支持、创设平台、合理评价"的有效性。

校本教研制度是校本机制建设的一部分，它既是学校对教师的行为期待，也是教师对自己的行为规范。为使教研制度帮助教师寻找最近发展区，激发内在自驱力，我们淡化制度的"管缚功能"，强化制度的"人文魅力"。在制度建设实践中，我们着力于以下三点：

去其糟粕，取其精华。近年来，我们梳理了 2006 年以来《广华中学教育教学管理制度》37 项，剔除应付检查的"摆设制度"，重组历史遗留的"琐碎制度"，完善过程沿用的"有效制度"，使制度更具有可行性、操作性、时效性和激励性。

与时俱进，推陈出新。随着教学理念的更新，教研管理模式的革新，教研制度也推陈出新。我们围绕新理念，修订《广华中学教育教学规程》《导师带徒制度》，新增《导学案设计使用与管理制度》《生态高效课堂教学评价制度》《学科科长、备课组长考核奖励制度》《"双生长"论坛制度》《广华中学教师专业发展考核奖励制度》。以学年为单位，以新的视角及时修改相关条例，确保制度的引领性、前瞻性，使制度与时俱进。

以人为本，重在激励。我们关注教师的心理需求，改进考核制度考评方式，消除扣分项目，采用加分制；淡化甄别功能，放大激励影响；摒弃单一评价，实行多元考评；淡化结果评价，强化过程考核；以奖代罚，以加代减，提高制度的人本化影响。

3.规划教师专业发展，促进教师队伍整体提升。

校本研修的关键是聚焦课堂，关注每一位教师的成长。所以，我们研究机制的改革主要立足教师实际需要、聚焦课堂，同时关注教师专业的目标化、规范化建设，为每一位教师的发展提供一个可操作的基本模式，使校本研修成为教师专业成长的实质需求。我们开辟了 2

个特级教师工作室，7 个首席教师工作室。学校制定了《首席教师工作室实施方案》。我们围绕校本研究的"自我反思、同伴互助和专业引领"三大要素，进行教师专业发展的规划。为集团首席教师制订《学科首席教师专业发展规划》，为学校骨干教师制订《骨干教师专业发展计划》，还为青年教师制订《青年教师成长计划》。教师有了前进的目标和发展的方向，就会产生教育教学的动能。2010 年，我校又有两名教师被湖北省人民政府授予"特级教师"称号；有两名同志分别被推选为"湖北名校长""湖北名师"候选人。

二、搭建校本教研平台，点燃教师教研激情

教育教学是为学生造梦的工作，需要教师为多梦青春导航，用灵魂感召灵魂，用智慧启迪智慧，用激情点燃激情。这就需要教师本身具有饱满的激情。如何唤起教师的校本教研激情？我们尝试采用丰富多彩的教研培训为每位教师搭建校本研修平台，将培植理念和引导实践相结合，理论学习和活动反思相结合，实践验证和互动交流相结合，以满足各层次教师的不同需求，实现校本研修的人本性。

(1) 阅读学习平台——让教师享受精神家园的美好。

阅读，是学习的入口。为了营造读书氛围，构建学习型校园，学校为全体教师购买了《教育的理想》《给教师的一百条建议》《班主任工作》等教育教学专著。教研室精选了全国著名教授、知名学者著述，如《制度创新让班主任岗位热起来》《如何帮助新教师尽快适应角色》《师生生长系学校发展之本》《有效教学的最终标准是学生成长》《有效教学理念与策略》《给教师的建议》等文章，一月一期，共汇编成 20 多期《双生长文摘》，发放给全体教师和兄弟学校有关领导学习。阅览室里，教师们或在网络平台"搜索""交流"，或在课改书卷中"漫步""遨游"……他们沉浸阅读的样子是广华中学一道美丽的风景。学校每个班建有读书角，每个读书角都有学生捐献的图书二三百本。学校僻静的树阴下、竹丛里修建有 15 个"读书椅"，时常可见师生休憩读书。

《双生长》校刊是出口，也是教师施展才华的舞台。教师们将理论与实践结合所获的心得，或撰为论文或记为"教育叙事"或聚合为"问题"，发表在《双生长》校刊上，彼此交流，互相学习。

（2）专业师资培训平台——让校本教研品位越来越高。

组织教师专业学习是校本教研的重要内容。我校的师资培训工作基本遵循了"五结合"模式，即全员参加的通识培训、分专业的学科培训、专家学者的引领培训、走出去学习考察培训与自我反思探究相结合。通识培训帮助我们准确地把握新课程理念，转变教育观念；学科培训有助于我们掌握课程标准，提高课程设计操作能力；引领培训帮助我们及时解决课改中遇到的疑难和困惑，保证课改的正确方向；组织领导和学科骨干教师分期分批到北京、武汉及首批课改试验区参观学习，拓展了我们的思路，更新了我们的理念；各种培训后立即结合自我教学现实进行反思，能够明确自己的差距，提高进取心和创造性，提高实施新课程的实践能力。

学校多次邀请省厅叶平、叶显发、史绍典、姜瑛俐、曹凤清等十多位教育教学研究专家来校引领教师的专业成长。同时，采取"出去学习，回来交流"的形式，组织教师赴北京、上海、山东、江苏、武汉、宜昌等省市学习，使教师开阔眼界，及时更新教育教学理念。目前，通过各种形式的培训，绝大多数教师已经基本适应了新课程的教学。学校校本教研品位正在提高。

(3)"双生长"论坛平台——让各层次的教师都能体验到成长的快乐。

我们组织教师专题论坛，让不同层次的教师都有参与专题思考、专题实施、专题研讨、专题讲座的机会，以实现多元发展、层次发展目标。"双生长"论坛分为校级论坛（A级论坛）和学科组论坛（B级论坛）、备课组论坛（C级论坛）三类。

校级论坛是每双周周五下午第3、4节课开办的全员参加的个人专题论坛。由坛主自主命题，谈人生、论社会、话教改……围绕校长提出的"尊重生命 启迪智慧 丰富灵魂"的论坛主题，一个个视野开阔、知识丰富、善于交流、乐于分享的"大家"纷纷登台论道。台上坛主主论，台下观者或补充，或质疑，或建议，或提出新设想。每每留下悬念又引领教师博览群书，寻找理论支撑，从而成为师生精神生活的引领者。"双生长"论坛为每一位坛主制作明星小传,将其风采照、人生光荣经历、教研成果均收录其中,用 Flash 的形式在大屏幕上播放,使教师获得认同与尊重,收获幸福与荣光。以往有课堂公开课,而今为了促进教师的专业化发展,校级"双生长"论坛还富有创意地开辟了教研"公开课"栏目。请各备课组、学科组、年级组在台上公开"教研",其他教师在下面观摩、聆听,教研效果更突出。

(4)反思平台让教师在教学常态中不断超越自己。

课堂教学既是反思的源头,又是反思的归宿。我们牢牢抓住课堂这个反思的主阵地,扎实做好课堂教学四思:课前反思、课中反思、课后反思、集体反思。课前反思——体现在教研组、备课组的集体思考备课上,我们提出"初备、复备、精备"的备课模式。课中反思——我校提出了六生(生本、生动、生活、生成、生长、生态)的课堂教学原则。要求教师在课堂教学中做到以生为本、生生互动、课堂生活化、问题即时生成、关注学生生长、创设生态高效课堂。课后反思——简单地说就是"三写":写教学反思,写教学叙事,写教学论文。我们规定,每位教师每周一篇教学反思,每月一篇教学叙事,每学期一篇教学论文。集体反思——个人反思与集体反思要有效结合。在个人反思中,教师要针对自身的教学问题进行反思研究,在教学实践中开展从问题到课题的研究;在集体反思中,定时间、定地点、定案例、定中心发言人,每个学科备课组每周都安排了两节课的校本教研时间,教研组全体教师围绕大家关注的热点问题进行专题研讨、案例研究。在教研活动中，我们要求每位教师把研究的东西能够做出来，做出来的东西能够说出来，说出来的东西能够写出来，不断地加以完善，深化研究。教师的教学反思，促进了教师教学方式的转变，形成了螺旋上升的教师发展态势。

(5)"孵化课"观课议课平台让教研氛围更加融洽。

学校专门开辟"孵化课"教室，方便教师现场授课、即时说课、现场观课、及时评课。因为观察直接，感受真切，观课议课同一"气场"，大家情绪高昂，兴致勃发，交流观感，评说得失，提出建议，畅所欲言。教师在展示中提高，在交流中进步，孵化课是促进教师专业成长最见成效的一项举措，也是和谐教研的好办法。

三、聚焦课堂教学，让教师在生态高效课堂教学中享受成长快乐

我们提出的生态高效课堂的基本理念为"学生主体，教师核心，课堂主阵地"，并在课改实践中努力构建生态高效课堂"双生长"教学模式。

生态高效课堂教学模式以"教学孵化室"为支点，以导学案为载体，运用多媒体辅助组织教学。其基本流程为自主预习—小组探究—展示交流—质疑问难—追问点拨—演练评价—总结构建。通过使用教材、学案、多媒体、实验器具等多种工具，创设教学情境，使学生在情境中产生问题和学习兴趣，在自学和小组合作学习中，形成互动互助的教与学的生态氛围。

　　该模式有三大特点：一是以导学案为"指南"，引领学生自主学习、自主探究、自主质疑、自主建构。导学案的设计符合学生的认知规律，能激发学生的求知欲望，引领学生形成知识的自主建构。

　　二是小组合作学习。小组由六名学生按照异质性原则科学化、人性化组建而成。小组中各学科按学习兴趣和状况分为两个 A、两个 B、两个 C。C 演示，A 评改，B 解说，每个成员各有所长，各有所短，互帮互助，共同生长，真正做到教育面向全体，从而达成高效。学生在合作、探究、互助中形成对话，生成教学的生态系统。

　　三是教学设计生活化、情境化。学生在导学案的引导下充分预习、自学后，教师将设计一个挑战环节。小组与小组之间展开比赛、探究、交流（在此过程中教师纠偏、答疑、评价、激励、突破重难点）……这是学生自主学习成果的展示，也是学生学习信息的反馈、学习能力的体现，更是学生生命花朵、智慧花朵的恣意绽放。

　　一年来，生态高效课堂关注的是学生的生命状态是否愉悦、蓬勃，教学的三维目标（知识与技能，方法与过程，情感态度价值观）是否落实，学生是否主动学、乐于学、善于学。它激活了课堂，唤醒了学生的自主学习意识，真正成了"学生学习好"的课堂。2010 年 3 月 18 日《湖北日报》的"焦点"栏目对我校生态高效课堂教学做了专题报道。

生态高效课堂得到省内外专家，集团领导、专家的大力扶持和广泛认可。我阐述该课堂模式的论文《关注生命状态　促进终身发展　回归教育本质》一文收录入《湖北省名校长办学思想录》，被《中石化教育》等杂志转载，并评为一等奖；推荐青年教师参加优质课竞赛，语文教师郑凤梅获国家级一等奖；2009—2010年我校青年教师李艳、张敬、季萍、张爽、彭桂珍先后荣获湖北省青年教师优质课竞赛物理、政治、音乐、信息、语文5个一等奖。

四、在打造生态高效课堂的教学过程中，构建备课组集体备课教研新模式

11月、12月我们在项目组专家指导下，开展集体备课活动，由传统的每周一次比较单纯的备课活动拓展为集体备课教研活动，活动模式为"围绕主题学习理论（专业引领）—教学设计课堂展示（同伴互助）—观课议课案例分析（个人反思）"。围绕一个主题开展学习引领—主备人中心说课、同科教师献计—主备人课堂教学展示—四维观察量表观课、议课—案例分析、教学反思—教学改进。这个活动过程使一次集体备课，变成了一次学习培训、学情分析、教材研析、教法研究、反思提高的研究活动。这就增强了集体备课活动的研究性，真正落实了校本教研"专业引领，同伴互助，个人反思"理念，从而促进了教师专业发展。

生态高效课堂教学研究实践带来了四个改变。

改变一：变"无序教研"为"主题教研"。研究主题来源于两个方面，一是从学校生态高效课堂研究主题或教师个人专题中分解提炼；二是从日常教学的课堂中择取，重点关注那些较有争议的现实问题，实行问题即研究。

改变二：变"单打独斗"为"同伴互助"方式。生态高效教学导学案设计，初备、复备、精备整个流程始终注重同伴互助作用的发挥，相互交流学习所得，相互交流教学方法，集思广益，提升自己，在争鸣中碰撞，在碰撞中成长。

改变三：变"课后评议"为"现场评议"。依托"孵化室"平台，对执教教师的课堂教学进行现场即时评价。它真实再现课堂教学成效，定格瞬息的教学灵感、听课智慧，使思维碰撞、新策略衍生。

改变四：变"漫游反思"为"主题反思"。每次观课结束，各学科组织反思交流评议。先由执教教师进行主题发言，对教学做自我反思，再由教研组成员结合自己本次的研究主题进行专题发言。

校本教研制度建设是一个浩大而艰巨的工程，又是一个幸福工程，它的核心目标是构建有效的学校教学教研工作体系，探求教师业务成长方式的转变。任何制度初出时，往往都能体现积极导向，但随着时间的推移与实践的磨合，制度的消极因素会慢慢滋生。如果我们不能很好地洞察形势的变化，而以人们惯常的制度惰性来对待的话，这项制度便会加速走向消极的一面。所以制度建设与发展是在对制度的反思中进行的，良好的自我反思力是制度完善、长葆效力的基础。路正长，让我们砥砺前行！

（原文发表于 2011 年 1 月 2 日《教育文摘报》，获湖北省课改成果一等奖，选入本书时有改动）

广华中学教学反思制度

一、指导思想

学校以"办有灵魂的学校，做有思想的教师，育有个性的学生"为目标，以新课改为契机，以校本教研为依托，立足本校，积极开展形式多样的教研活动，培养和造就一支结构合理、师德高尚、业务过硬、观念先进、善于创新、有团结精神并能自主发展的教师队伍，以确保学校在新的发展时期抓住机遇，实现可持续发展。

二、规划目标

通过本制度的实施，初步创建有我校特色的教师专业发展培养机制，营造自主、合作、开放、互动的教学氛围，探索教师发展评价机制。促进我校教师迅速成长，造就一支能教学、会科研、善学习的骨干教师队伍，形成一批校级、局级和省级教学能手、骨干教师、学科带头人、名师。

三、制度的实施

为促进全体教师在教学中积极参与教学反思活动，学校要求每周各教研组轮流进行一次"双生长"论坛，每月一次课题研讨会，形成以个人反思为基础、组内反思为桥梁、校内反思为导向的教学反思机制，促进教师反思能力的提高和反思意识的增强。

1. 教研室每月召开一次教研组长、备课组长和教师座谈会，掌握学科活动情况，倾听教师的意见，了解教师的困惑和需求。

2. 学期初，各教研组、备课组根据本组教育教学中存在的问题拟定本组本学期研究的微型课题，并申报到教研室备案，学期末上交一篇结题论文，学校组织教研组骨干成员进行审阅，并将优秀论文推荐至权威刊物发表。

3. 坚持首席教师和骨干教师示范课引路。

4. 每位教师每学期至少上一节公开课。

5. 坚持开展全员参与的观课、议课。

6. 每位教师每月底把自己最满意、最有研究价值的反思文章提交教研组，学校组织教研组骨干成员进行审阅，帮助教师提升教学经验，形成创造性的见解或行动策略。

7. 学校为每位教师设置专业成长档案盒，引导教师自觉填写其中的课堂教学反思卡。

四、制度的管理

1. 学校领导要深入教研组、备课组，同教师共同分析、反思，定期审阅教学反思材料、教学案例，使教师的教学反思水平不断提高。

2. 教研室、教务处选定督查教师，定期参与各教研组、备课组的教学反思活动，并对教学反思活动进行记载、打分。

3. 每月底，教研室组织教研组长、备课组长对上交的教学反思进行审阅、打分，评选出优秀的教研组、教学反思案例，将优秀案例整理并装订成册。

4. 学期末，教研室对每位教师本学期的教学反思进行量化考核，此项成绩作为教师业务考评的重要内容，考核结果纳入量化考核，并记入个人业务档案。

高中校长推动主题教研，打造学习型团队的瓶颈突破
——在湖北省教科所课程改革课题研讨会上的讲话

2010 年湖北省高中课程改革全面启动。同年湖北省教育科学研究所姜瑛俐主任携专家组指导我校以校本教研制度建设为抓手，打造学习型组织。经过三年的学习探索，我校更新了管理理念，清理了落后的管理制度，突破了发展瓶颈，教育教学质量跨上崭新台阶，教师队伍焕发生机活力，学校逐步向学习型组织转型。

犹记三年前，我向姜瑛俐主任陈述学校在建设学习型组织过程中遇到的几个难以突破的瓶颈——

①教师教研缺乏内驱力；②教师教研要完成从单一的自上而下的培训，到专业引领、同伴互助、自我反思相结合的校本教研，缺乏科研能力；③校本教研制度要完成从制度引领到文化自觉的蜕变，缺乏

丰厚的文化底蕴。

姜瑛俐主任鼓励我们，校本教研就是基于学校，基于学校文化现状、教师队伍现状开展起来，并最终服务和助力于学校发展的。学习型组织建设的瓶颈也正是学校发展的瓶颈，必须突破，也一定能突破。突破的过程是学校管理理念重建的过程，是上下一心学习和探索的过程，也必将是学校突破发展瓶颈涅槃重生的过程。

我校地处偏远，大量优质生源随父母单位外迁而流失。自 2005 年到 2008 年高考成绩逐年滑坡，名校生未见突破。优质生源非自然外流现象日益凸显，学校发展面临前所未有的挑战。学校必须改变"时间加汗水"的教育管理模式，走内涵式发展道路。科学重建校本教研制度，建设学习型组织势在必行。但学校四十五岁以上老教师占百分之六十，三十岁以下的年轻教师占到百分之三十以上。如果大部分老教师思想僵化，教育理念落后，故步自封；如果大部分高级教师感到船到码头车到岸，不愿意学习不乐于承担研究任务；如果在这样的文化氛围中年轻教师不能尽快成长起来，学校走内涵式发展道路就是一句空话，学校迟早面临被淘汰的局面。

正如中央教育科学研究所所长兼全国教育科学规划领导小组办公室主任朱小蔓在《现代学校制度的理论与实验研究》一书中所说："如果不从系统地调整生产关系、解决制度层面的问题入手来解决教育生产力，任何基础教育领域的改革都只能是'改良''挖潜'。我们的学校制度已到了非改不可、不改不行的时候，教育改革问题也已经到了'制度挂帅'的时候。"

一、　为了学校的发展，校本教研势在必行。但如何让每一位教师感到校本教研关乎"我"的发展，从而增强学习研究的紧迫感呢？

我们的做法是改变教师评价制度，用发展性评价、过程性评价、激励性评价体系代替过去定量定性式评价制度，激发教师的上进心和学习的紧迫感，变"要我学"为"我要学"。

案例1.教研积分纳入教师职称评聘制度。

我们将教师教研过程评价积分（自主研修积分、导师带徒、导学案编写、课题研究、研讨课质量、集体备课主发言等综合积分）纳入年度教师职称评聘分开的考核制度中，调动中、初级教师勇挑重担的积极性，提升高级教师学无止境、艺无止境的学习积极性，使教师队伍焕发生机与活力。

案例2.学科绩效考核和学科教研过程捆绑评价制度。

改变过去个人考核评价为学科考核评价，使教师从单打独斗、封闭短视的恶性竞争中脱离出来，促进同学科教师相互学习和整体提升的紧迫感，使每一位教师进一步增强教研过程中的责任感，谁也不愿意因为自己的倦怠而拖大家的后腿。

二、从尊重教师心理需求出发，尊重教师在校本教研中的主体地位，激发教师的潜能和个性光彩，从而使教师在学习中教研，在教研

中提升能力

这是创造性地推进校本教研制度建设的方式，它完成了"我需要学习"到"校本教研和学校发展需要我学习"的心理蜕变过程。

案例1.微格评价法

微格教学的英文为 Microteaching，可被译为"微型教学""微观教学""小型教学"等，目前国内用得较多的是"微格教学"。微格教学是一种利用现代化教学技术手段来培训师范生和在职教师教学技能的系统方法。微格教学方法创始人之一、美国教育学博士德瓦埃·特·爱伦认为微格教学"是一个缩小了的、可控制的教学环境，它使准备成为或已经是教师的人有可能集中掌握某一特定的教学技能和教学内容"。微格教学实际上是提供一个练习环境，使日常复杂的课堂教学得以精简，并能使练习者获得大量的反馈意见。

没有谁的课堂是完美无缺的，也很难有谁的课堂是一无是处的。针对整堂课进行教研讨论和评价，容易缺乏针对性，同时有耗时量大的缺陷。我们用微格教学评价法开展主题教研。比如某教师特别善于创设导入情境，教研部门就录下他的几种导入情境，向青年教师培训情境导入法时回放。比如某老师善于用探究教学法提升学生的思维品质，我们在探究教学法主题教研活动中就回放他创设的几个探究点，让大家研讨哪些点适合探究，哪些点则无必要。比如某些教师板书设计佳，某些教师诵读功底强，某些教师善于组织学生开展学习活动，我们都会录下相关段落，在主题研讨会、基本功大赛或者大型集会时播放……当教学成为追求，成为艺术，成为智慧分享，教师的教研积极性就在成就感得到满足中不断增强。

案例2.推门听课制

推门听课制度是针对公开课和日常教学"两层皮"现象建立的。我们刚开始推行时由学校领导层执行此制度。后来我们发现不少年长的高级教师抱残守缺、教学观念陈旧、满堂灌，学生学习状态和生命状态都不符合学校办学理念所倡导和期待的。怎么办？批评？强制改正？都只会降低教师对教育对学校的热爱。我们把这些教师分批纳入推门听课制度执行过程中的评委队伍，请他们为不同教学方式（引导式与灌注式，封闭式与开放式）的课堂从教学氛围和学生学习状态两个角度打分。有老教师提出灌注式教学效率高。于是我们请他们在下课前五分钟就当堂知识在学生中进行小测评并抽样调查，继而请他们关注期末成绩。事实证明学生主体课堂短期效果不明显，但长期效果远远胜于灌注式课堂。在此制度执行过程中我们尊重老教师在教研中的主体地位，尊重他们的心理差异和主观感受，他们在当评委的过程中，实际上潜移默化地上了一堂生动的教研体验课。

案例3.问题收集制度、学科培训师制度、主题教研制度、个人反思制度、课例分析制度、教育叙事制度

很多学校领导和教师都有此感受：单一的自上而下的教师培训方

式，往往使教师在培训时一时间醍醐灌顶，热血沸腾，而一阵风刮过去后，各种困惑和懈怠又惯性似的袭来。只有自下而上的自主研修才是常态和主流。

问题收集制度、学科培训师制度、主题教研制度、课例分析制度、个人反思制度、教育叙事制度、导学案编写制度、广华中学654生态健康课堂评价制度等一系列制度，变过去对教师教学进行定量定性甄别和评价为教育教学教研的指导和规范。建立制度、执行制度的过程是整个团队学习研究力提升的过程。

如问题收集制度，引导大家把在教育教学过程和观课议课过程中关注的问题、发现的问题记录下来，并由备课组长搜集整理找出共性问题，问题即课题，张贴公布。相关人员就感兴趣课题揭榜进行理论研究、课例搜集、讨论提升，形成材料，在研讨会上发布。这就是学科培训师制度。教师们就问题所学习的书籍和资料，就这些信息进行的归纳取舍，并结合实践所做出的发挥令我们惊叹！这个过程是一次多么有效的自主学习和合作分享的幸福实践！还有谁会怀疑教师的自主培训能力！

学科培训师制度是理论学习先行，在理论研究的基础上进行主题教研活动。如"探究性学习如何在学生思维最近发展区激疑"，我们就此问题请三名教师进行同课异构。观课议课后请授课教师写课后反思，其他教师做课例研究。

江苏省教育科学研究院孙向阳老师指出："教科研不是专家和学者的专利，而是教师真实的生活和成长方式。给教科研正确定位，让教科研走下神坛，走向民间，使教师成为研究者。教师的教研要贴近实践，研究身边的真问题，并努力提高研究的实效性。同时，教师还要加强学习和创新，让学习引领自己的教科研，让创新丰富自己的教科研，让教科研更好地促进日常教学。"

我们正是这样扎实又创新地开展着校本教研活动，并不断地突破研修瓶颈，逐步提升教师队伍的整体素质。

三、我校的教研制度正逐步完成制度引领向文化自觉的华丽转身

1. 在校本教研制度建设过程中，学校领导层带头学习，创造性实践，将过去的行政管理和奖惩管理变成聆听、学习和研讨的文化引领。我们建立并严格执行中层以上管理干部学习制度、干部蹲点学科教研制度、干部"双生长"论坛制度等，管理者不仅在教研中躬亲垂范，起到示范、督促、指导、评价、发现人才、推广经验等作用，更使学校管理作风更民主更科学，更富有创造性。北京四中校长刘长铭认为："一流的学校靠文化管理，二流的学校靠制度管理，三流的学校靠权力管理。"先进的学校文化是学校智慧与力量的凝聚，我们正日益感受到这种文化精神的感召。

2. 在校本教研制度建设和执行过的程中，学校办学理念和学生培养目标在学习、研讨、分享、展示、反思等日常行为中积淀为教师们的共同价值观，彰显为教师的集体教育智慧，体现在学生的个性和思维的优质发展及整体素质的显著提升中。2011年高考我校囊括潜江市高考理科前三名；2012年我校尹思凡同学被清华大学录取；2013年我校不到五百人参加高考，仅理科就有90人过一本线。学科竞赛成绩斐然，学生以朝气蓬勃的精神面貌在各级各类比赛中展现出勇于担当、敢于挑战、善于创新的广中学子风采。教师队伍整体素质得到提升，仅2012年、2013年两年，我校近20位青年教师获得优质课竞赛省级一等奖，3名教师获得国家级一等奖，近50人次论文获得省级国家级一等奖。年逾半百的数学教师廖支斌以丰富的著述和一堂探究性教学课在众多的特级教师同台竞技中脱颖而出，获得湖北省名师的殊荣。他说："没有校本教研的引领和实践，我没有勇气也没有能力实现名师梦。"2011年底，湖北省教育厅领导和我校教师座谈后由衷赞叹：这是一支充满激情、智慧和活力的教师队伍！市电视台也对我校的校本研修成果做了专题报道。

"回首教研路，半是荆棘半是花。"我们不能忘记姜瑛俐主任一次次风尘仆仆的悉心指导和热忱激励，不能忘记那些艰辛跋涉、激情感召和智慧分享的日日夜夜。我们深深感受到时代赋予我们的使命是那样神圣和庄严。在当代教育改革的实践中，教师的工作职能发生了深刻的变化，这种变化极大地提高了教师劳动的复杂程度和创造性要求。没有教师的发展和专业上的成长，教师的使命便无法完成。教师专业化发展是我国教师教育改革的一个重要取向，也必将成为教师教育实践的主流话语。校本教研制度就是富有创造性的双赢机制，既给教师以充分的专业发展空间和条件，又使之成为具有强烈责任感的专业工作者，同时使学校突破发展瓶颈，向学习型组织成功转型。我们正在路上。

2013 年 11 月

探索前篇

关注生命状态　促进终身发展
回归教育本质
——一个教育工作者的追问、思索与实践

从事教育工作二十多年，尤其是近几年来，我常常思考这样一个问题：学校教育到底给予了学生什么？

每当学校沉浸在一片高升学率的赞誉之中时，一些挥之不去的追问却使我不敢有丝毫的满足与懈怠。对于那些少数挤进名校大门的"精英""幸运儿"来说，学校教育除了成功地赐予他们踏入名校的金钥匙外，是否还给予了他们坚韧的心灵、健全的人格、探究的能力，他们是否满怀着对朋友、亲人、家庭、学校的感恩之心，意气风发地踏上终身学习的人生旅程呢？而对于大多数被高考这支标杆横截在"成功岭"之外的学子来说，十多年的学校生涯是否充斥着教师的叹息、父母的泪水和内心深处越来越强烈的失败感和无助感呢？教育给他们

带来的是否更多的是心灵的伤害、自我的贬抑、信念的摧毁呢？

卡夫卡曾用《变形记》来警示人们不要让情感、伦理被飞速发展的工业文明所异化。教育这个被德国思想家雅斯贝尔斯誉为"极其严肃的伟大的事业"，是由无数有信念、有责任心、有使命感的教育工作者支撑着的，我们不会让功利的阴霾遮蔽了教育的本质，不会让教育陷入只见分数不见人的异化状态。

"通过培养，不断地将新的一代带入人类优秀文化精神之中，让他们在完整的精神中生活、工作和交往。在这个过程中，教师不是抱着投机的态度敷衍了事，而是全身心地投入其中，为人的生成——一个稳定而且持续不断的工作而服务。"（雅斯贝尔斯）于是，三年前，我校提出了"尊重个性·升华人格"的办学理念，倡导多元智慧观，提倡对学生多元化评价；倡导对学生个性的尊重；倡导教师改变育人方式，变灌注式、说教式为引导式、体验式、自主式；倡导通过形式多样的教育活动（演讲、朗诵、主题班会、文艺会演、征文比赛、体育竞技、社会实践等）来丰富德育内涵，为学生展示风采、抒发情感、砥砺人格搭建广阔平台。

应该说，这一系列的教育改革措施较大程度地和谐了亲子关系、师生关系，改变了学生的精神面貌，提升了学校的教育品质，但我却不无忧虑，如果不关注学生在课堂上的生命状态，不促进学生成功、高效地学习，不从根本上扼制学生不爱学、不善学的状况，教育改革不会取得真正的成效。

传统的课堂是封闭式的、灌注式的，哪怕是在许多精心准备的公开课上，我们看到的往往是教师苦心孤诣所做的所谓完美设计，只能调动少数几个头脑灵活或是个性张扬的活跃分子，大部分学生处于被动和麻木状态。课堂中师生难以对话，学生与学生之间、学生同文本之间更难形成真正意义上的对话，教师控制了话语权，学生成了被动接受的容器，并未形成知识的真正建构，探究能力、表达能力、创新能力因长期抑制而近于萎缩。如果教学堕落为条件反射似的高频率、大容量、强刺激的反复训练，学生在课堂上的生命状态可想而知，学习效果更是可以预料！于是我们的传统课堂造就了一大批情感冷漠、个性缺失、思维品质低下的"失败者"！林格伦曾大声疾呼："如果学校不能在课堂中给予学生更多的成功体验，他们就会以既在学校内也在学校外都完全拒绝学习而告终！"而老师们把学生学习效果差归咎于学习动力不足、学习习惯差，便给学生以及家长施加了更多压力。殊不知，"一味地挖苦、贬低，会导致孩子的反抗，反对父母、反对学校，甚至反对整个世界。"（布鲁诺）

课改势在必行。而课改成功的道路又在何方？课堂改革的理论可谓多矣。但"不改则死，一改则乱"，甚至导致学生考试成绩大幅度滑坡的现象比比皆是。虽然改革的欲望和热情像火一样在我心头燃烧，使我坐立不安，可我明白我必须慎之又慎。我带领中层干部、骨干教师将探索的目光投向国内外各种课堂改革的研究书籍，更投向国内诸如北京四中、人大附中等课改取得阶段性成果的成功案例。我们结合本校实际，吸收各校课改成功的元素，初步探索出一套具有较强操作性的"生态课堂"教学模式。

首先解释一下"生态课堂"的理念。詹姆森夫人在《冬天的学习和夏天的漫步》中写道："教育的真正目的是去栽培和养育我们心中神奇的种子，尽可能地发展我们的每一种潜能。"我想真正的教育就是栽培和发展学生的潜能，不扼杀学生的天性，教给他们知识，丰富他们的情感，重视思考和学习之间的相辅相成的关系。这就好像注重生态平衡而不是只讲经济效益的园艺栽培：保留本地现存树种并精心培育，不会为了方便起见只种植一种植物（尊重学生的个性差异，培养有个性的人）；必须根据植物的习性，把树苗移植到朝阳或阴凉的地方（课堂设计必须紧贴学生心理特征和认知规律）；不是靠大量的化肥或其他短期行为强迫植物生长，而是给予适度的阳光、空气、水分、温度等（极力呵护学生在学习过程中的愉悦感、成功感，使其成为成长的阳光、雨露，促进孩子们心灵的、知识的、思维的土壤日益健康、丰沃，有利于终身发展）……

教育是造人的事业。马克思曾经说过："既然人的性格是由环境造成的，那么就必须使环境成为合乎人性的环境。""我们完全可以这样理解：既然人是由教育所造成的，那么就必须使教育成为合乎人性的教育。"（朱永新《困境与超越》）我们提出"生态课堂"的理念，是为了提醒每一位教师，课堂上面对的是一个个生命，一个个有丰富灵敏的内心世界的正在发展中的生命，我们不能出于急功近利的心态，而简单地将学生看作接受知识的容器。要杜绝粗暴的灌注，高度重视思维的引导、情感的激发、潜能的唤醒；既让生命在课堂上呈现如花绽放的状态，又高效科学地促进学生的终身发展，使教育回归培养人、成就人的本质。

"生态课堂"教学模式有两大特点：一是教学分为预习环节、展示环节、反馈环节三大模块；二是小组合作学习和个性化自主学习的结合。

预习环节的首要任务是教师和学生共同完成对学习目标的确定。"一门课，一个主题的学习，一节课，一个教学活动，究竟要达到什么目标，光老师清楚是不够的，一定要有一个与学生协商、沟通、交流的机会，让学生明确当下的学习对于他的成长和后续学习有什么样的意义。"（肖川《教育的智慧与真情》）这样既使学生目标明确地进入主动学习状态，而且有利于学生良好品质的培养，因为做事有明确的目标和追求，而不是浑浑噩噩、糊涂被动，也是成功人生的必要品质。

预习环节还要由学生在教师提供的学案的指导下，对知识进行初步的学习和探究。学案的设计要贴近学生的心理特征、认知规律及文本特征。学生在此过程中完成由旧知到新知的建构过程。在这个过程中，教师要高度重视学生最原生态的问题的生成，引导、肯定并发展其质疑能力。因为诚如肖川在《教育的真情与智慧》中所说的那样："质疑是建构知识的重要环节"，"质疑与独立思考是民主社会建设者的重要品质"，"质疑对于发展中的个体而言是创新的雏形"。

有许多教师认为预习环节延宕了授知时间，降低了学习效率。其实预习环节的明确学习目标、大胆质疑、主动建构的过程，使学生学到的知识成为素养的一部分，能力的一部分，使知识融会贯通、经久不忘，这才是真正的高效率！更重要的是预习"垫高"了学生，使学生打破了教师是知识唯一权威的心理藩篱，冲破了因资源占有不足，思考时间不足而怕说错的"戒备"，使学生敢于同教师对话，同同学对话，同文本对话。在对话的过程中，不断获得学习的成功感和愉悦感，这就是生命的阳光、心灵的阳光，是学生学习能力永续发展的生态环境！

如果说预习环节是学生自主、快乐、成功地学习的基石，那么展示环节便是学生自主、快乐、成功地学习，尤其是个性化学习的平台。学生可以根据自己的学习状态、思维偏好、兴趣爱好等个性特征选择展示的内容和方式。如在化学课堂上我们看到那些爱探究的学生用这样的方式表达着自己："我猜想……""我尝试……""我认为……""我进一步观察到……"；在语文课堂上我们看到喜爱思辨的学生通过大量查阅和分析陶渊明的作品，证明陶渊明的隐居不是消极避世，而是积极建立一个属于真的人的精神世界，不是软弱无能，而是无欲则刚、保持真我的坚韧和刚强；在英语课堂上我们看到中考时英语只考了四十多分的学生，兴奋地在黑板上写下自己查阅的单词词条；在数学课堂上我们看到"数学怪才"一直目光炯炯若有所思，他一定可以找到一个更新更便捷的解决方案；在物理课堂上我们看到曾经经常逃学的某同学接受其他组挑战讲解完一道中等难度的题后，沐浴在一片掌声之中的惊喜与自信……我们看到学生在小组学习中懂得了合作与探究、反思与修正，更懂得了包容和欣赏他人、肯定和超越自我；在个性化学习方式中发现了一个全新的自我，萌生了对知识、对生活的热爱，坚定了自我的信念、人生的信念！学生不再是学习的旁观者，而是积极建构、勇于挑战的承担者。我们可以预言：他们也终将以主人翁的姿态成为幸福人生的开创者！

最后的反馈环节是针对生态课堂的开放性、自主性设置的，是为了进一步督促每一位学生进入有效学习状态，对学生的学习情况进行及时的检测和反馈。这是确保教学成绩不滑坡的必要手段。

当然我所描摹的是课堂的理想状态。我们为了确保课堂的人文性、科学性、高效性，在培训教师、加大集体备课力度、开展专题研讨会、成立课改指导小组、加强班级文化建设等方面做出了大量努力。

"衣带渐宽终不悔"，教改只有起点没有终点。我们只有不断优化课堂结构，不断完善教育教学策略，才能真正使学生的生命在激励与唤醒、快乐与成功中绽放最富生机和活力的美好状态，才能科学、高效地促进学生的终身发展，才能让教育回归"激励人、唤醒人、成就人"（第斯多惠）的本质。那么，我们将真正为我们是一个教育工作者而骄傲，也将真正为我们从事的事业而自豪。

2007 年 1 月

（原文被收入《湖北省名校长办学思想录》，获得湖北省名校长全省征文一等奖，并被《中石化教育》转载，选入本书时有改动）

尊重个性　升华人格
——向阳第一中学办学理念的提出与实施

一、切中时弊，捧耿耿丹心为我校教育开一剂文化良方——办学理念提出的背景

在教育实践中，我们往往陷入这样的误区：把学校教育"窄化"为智育，又把智育"残缩"为分数，忽视对学生优良个性、健全人格的培养。一位教育研究者曾对荆沙市（今荆州市）15所学校的21名高智商学生进行综合调查研究，发现这些学生大都存在自私、虚荣、狂妄、冷漠、以自我为中心、孤僻、嫉妒心强、心理承受能力差等人格缺陷。

另有心理学家曾对近3000名大、中学生进行心理调查，发现42.37%的学生感到经常"做事容易恐慌和紧张"，55.92%的学生感到经常"对面临的事情过分苦恼和烦闷"；47.41%的学生觉得"人与人之间的关系太冷漠",感到无法与人相处和交往;62.26%的学生在心情不舒畅时找不到朋友倾诉,常感到孤立无援;46.63%的学生"对考试过分紧张、经常心烦意乱感到无法忍受"。厌学情绪肆虐、消极情绪弥漫、亲情疏离、心理脆弱……这就是重智能轻人格的学校教育模式下的学生心理、情感、人格现状!

向阳第一中学是一座有35年光荣历史的完全中学,建校以来为社会输送了大量人才。曾经涌现过罗小奎(全国数学奥赛一等奖获得者)、苏晖(市级理科高考状元)、郭芳(清华学子)、王江(全国计算机竞赛一等奖获得者)、范围(少年科技大学生)等令人瞩目的"明星学子"。但这金字塔塔尖一般耀眼的光环却遮盖不住教育残缺的事实。2004年9月,我接任向阳第一中学校长,做了调查,获得如下发现:①98%的班会课被文化课挤占;②课外活动100%停顿;③课间操、升国旗仪式竟有一年多时间"偃旗息鼓";④教师在中考、高考指挥棒下呕心沥血地追求上线率,心理呈现不同程度的焦虑、疲惫状态,仅有少数教师保留阅读学习的习惯;⑤部分教师观念落后、教法陈旧、德育手段单一、粗暴,与其他教师、家长、学生关系紧张;⑥重点班40%的学生有焦虑感、疲惫感、无助感,平行班学生厌学情绪弥漫,旷课、逃学、打架、闹事,甚至早恋、早尝"禁果"、沉迷网络、离家出走、师生对立、父(母)子(女)反目等情况屡屡发生。

考试是检验教育成果的一个方法,而我们却演出了一场"一切为了考试"的悲剧！教育是培养人的事业，要为社会培养健康、和谐、有朝气、有创造力、有使命感、有成就感的劳动者。"尊重个性·升华人格"这一办学理念的提出，是为呼唤每一个教育工作者从科学理念出发，从人文关怀出发，从民族责任感、使命感出发，大力加强对青少年心灵的陶冶、个性的雕塑、人格的塑造！

二、探幽发微，张炯炯睿目为盛世燃一道人文烛光——办学理念提出的依据

（一）尊重个性

个性，即 Personality，《心理学词典》上的解释是个人带有倾向性的本质的比较稳定的心理特征的总和。表现为个体的兴趣、爱好、能力、气质、性格、动机、意志、信念等的差异性。它是在一个人的生理素质的基础上，在一定社会条件下，通过社会实践活动形成和发展起来的。在一定条件下，这种特点又是可以改变的。

关于人的气质的个别差异性问题，古希腊医生希波克拉特最先提出气质的四种类型说，即胆汁质、多血质、黏液质和抑郁质。胆汁质相当于强而不平衡型；多血质相当于强而平衡灵活型；黏液质相当于强而平衡不灵活型；抑郁质相当于弱型。

人的气质、兴趣、爱好等具有个性差异，这是很多人都认同的，其实人的智慧倾向也是富有个性色彩的。美国著名心理学家加德纳于20 世纪 80 年代末提出了著名的多元智慧理论。人的大脑分七个区域，分别管理语言智能、数理逻辑智能、视觉智能、音乐智能、自我认知智能、人际沟通智能、运动智能这七大智能。加德纳认为：智慧是多元的，不要说哪个人聪明，要谈哪个人在哪个方面聪明。考试只能考查学生的语言和数理逻辑智能，其他智能很少涉及。因此，单纯用考试来衡量一个学生是极为片面的。从不同角度评价，每一个人都有可能拿第一。这就使我们不难理解一些现象。如科学泰斗爱因斯坦小时候做不好一个小板凳；历史学家吴晗考大学时数学零分（北大不录取，后被清华破格录取）；数学家陈景润当不好合格的中学数学教师；少年文学天才韩寒七门功课挂红灯；智力障碍的周舟能够成为出色的乐团指挥……可谓"天生我材必有用"。

"教育是培养人的事业。"尊重每一个学生的发展，教人做一个真正的人，既是教育的出发点，又是教育的归宿。但在一切围绕分数，围绕升学率的指挥棒的逼迫下，学校成了批量加工"产品"的模具工厂，班级就是模具车间，而学生的天性、个性、爱好、情感等在"同一"标准下毫无生存空间。如果教育无视个性差异，无视"人"的存在，只是生产一些个性泯灭、情感淡漠、精神匮乏的脆弱工具，那么不能不说这种教育是学生的悲剧。国家督学成尚荣说："学生的背后是民族。"朋友们，当我们狭隘短视地、麻木不仁地、沾沾自喜地夸耀升学率的时候，也许我们正在酿造一场民族的悲剧！联合国教科文组织有这样一个振聋发聩的科学论断："人的差异是人类的宝贵财富。"

正是因为每一个人在先天禀赋、环境影响和接受教育内化过程等方面千差万别，才有了这多样的、丰富的、多元化的异彩纷呈的美妙世界。古往今来，许多富有远见卓识的思想家、教育家莫不把发展人的个性当作教育的根本目的和任务。从古希腊哲人提出的培养"和谐的人"，到西方近代史上卢梭的"自然教育论"，爱尔维修的"智力平等说"，狄德罗的教育民主化与世俗化，裴斯泰洛齐的"和谐发展"思想，都把对学生的尊重看成是教育成功的基本原则。马卡连柯曾把教育的目的归纳为"人的个性的培养计划"。深海撷珠，我们从这些光辉的思想中领会到，要把孩子们培养成和谐的人、完整的人，就必须重视个性教育，教育的真实意义就在于使个性得到充分发展。

尊重个性，就是要把受教育者看作是活生生的、有意识、有思维、有尊严、有差别的人。以"人"为教育核心，力求追回应试教育中失落的人文意义，追求非同一性的人格的完善和人性的提升。这里有两个经典的故事可以让我们看到尊重学生的典范。伟大的教育家陶行知在校园里看到一个学生用泥块砸自己班上的男同学，就制止了他。但他并没有声色俱厉地训斥，也没有一板一眼地讲大道理，而是奖给该生几颗糖，分别奖励他尊重校长、知错就改和为女生打抱不平而敢于同干"坏事"的男生做斗争的勇气。该生感动极了，流着眼泪说："陶……陶校长，你……打我两下吧！我错了，我砸的不是坏人，而是自己的同学呀！"一颗幼小的心被爱与尊重的"春雨"滋润，也必将萌发自尊、自律的心芽！

一百多年前，有一位名叫约翰·詹姆斯·麦克劳德的小学生，偷偷杀死了一只狗，想看看狗的内脏。这只狗却是校长家的宠物，这在当时显然是难以原谅的错误。这位高明的校长并没动怒，而是罚这个学生画两幅画：一幅是狗的血液循环图，另一幅是狗的骨骼图。为了画好这两幅画，小麦克劳德翻阅和参看了不少生物解剖学方面的书，就这样，他渐渐地爱上了生物学。后来，他竟成为英国著名的解剖学家，并和医学家班廷一起发现了治疗糖尿病的胰岛素，由此而获得1923年诺贝尔医学或生理学奖。从这个故事中，我们可以看到教育从尊重个性出发，不仅可以人性化地实施德育教化，还能对学生智育的发展、创造力的诱发、优良个性的塑造起到出人意料的功效。

正如17世纪德国著名哲学家莱布尼茨所说"世界上没有两片完全相同的树叶"，差异是客观存在的，个性也是客观存在的。只有正视学生的差异，才能让学生的个性得到最大限度的释放。教育从尊重个性出发，我们培养出来的才会是富有生机的人，我们的民族才会是富有创造力的民族。

（二）升华人格

总有人叩问"尊重个性"和"升华人格"之间的关系。我认为尊重个性是基础，是前提。按照当代心理学家马斯洛的需求层次理论，尊重的需要是在生理的需求、安全的需求、社交的需求得到满足之后的高一层的需求。尊重的需求是个体在群体中渴望实现的需求，是自我发挥的欲望，也是一种使自己的潜力得以外化的心理倾向。在心理学上，有一种人们熟悉的现象叫"罗森塔尔效应"。讲的是著名心理学家罗森塔尔在一所小学做了这样一个实验，他给该校的教师提供了一份具有优异发展可能的学生名单。其实这份名单是罗森塔尔随意拟定的。但几个月后，被列入名单的学生成绩居然有了迅速提高，性格也变得活泼开朗，求知欲更加旺盛，与教师的情感也随之深厚起来。教师对学生的尊重、信任和期待的情感可以产生一种"意象"效应，形成一种无形的力量，促使其不断努力，追逐成功。在尊重个性、张扬个性的环境中成长起来的孩子有幸福感、成就感、自尊、自信，富有激情、富有创造力、有足够的内动力去完善自我、超越自我，即拥有完整的人格。而在压抑个性、精神虐待的环境中成长起来的孩子没有幸福感、成就感，或自卑消极，或乖张任性，缺乏足够的内动力去完成健全人格的自我塑造。可见，尊重个性，是升华人格的前提和基础。

人格，是个人的尊严、价值和道德品质的总和，是人在一定的社会中的地位和作用的统一。

重视人格教育，是青少年健全发展的客观需要。青少年时期是人生的起步阶段，人的思想意识、人格素养正处于形成的过程中。他们思想单纯，思维敏捷，好奇好胜好探索，这些特点为他们人格的塑造提供了良好条件。但由于年龄和阅历的限制，他们身上也存在着情绪易于波动、意志较为脆弱、认知易于扭曲、内心常存冲突、思想易于消沉等人格弱点。如果缺乏具有针对性的人格教育，这些人格弱点就会逐步放大，甚至导致错误的人生定向。

重视青少年人格教育，也是现代社会发展的需要。现代社会是以改革为动力推动前进的。要改革就离不开创造与竞争，创造性与竞争性是现代社会发展的显著特征。这一社会特性要求学校培养的人才，不仅有知识，有能力，而且更应具备较高的人格素养。只有培养和造就大批能适应激烈的社会竞争、能够经受困难与挫折考验、人格健全的高素质人才，未来社会的发展才能有可靠的保证。

从更广的视野来思考人格教育的价值，它还具有推动、升华社会文明的巨大作用，是构建当代民族精神的重要方面。我国有悠久的历史，有许多宝贵的精神文明财富，形成了中华民族优秀的人格特质，如热爱真、善、美，讲求礼、智、信，勤劳节俭，自强不息，艰苦创业等，这些传统的优秀人格品质，需要通过普遍化的人格教育去挖掘和培养，使之在现代青少年身上发扬光大。这不仅有助于弘扬我国民族精神，而且有助于克服和消除我国传统人格中许多落后于时代的东西。学校人格教育，正是着眼于对青少年一代优秀人格的塑造和建构中华民族的新文明，因而意义是重大而深远的。

弗洛姆曾说："人生的主要使命是自我成长，成为与潜能相符的人，人生奋斗目标最重要的成果，就是人格。"当我们的学生能够正确地认识自我，自尊、自信、自强；能够正确认识客观环境，正确认识他人；有较强的心理承受能力，有毅力，有恒心；有勇气挑战困难，积极追求，敢于创造；有道德感，诚实、守信；有开阔的视野、宽广的胸襟、爱国情怀和民族使命感；对他人、对自然、对世界、对宇宙有大悲悯、大关爱……那么，我们才真正不辱"教育"二字，才真正是灵魂的工程师，健全人格的塑造者。

三、躬亲力行，洒点点甘霖为民族育一代济世栋梁——办学理念的实施措施

（一）加大教研教改力度，全面实践新课程标准，全力打造富有生机与活力的开放性课堂，为优良个性、健全人格的发展提供舞台。

马克思曾经指出："激情、热情是人强烈追求自己的对象的本质力量。"人的智能活动一刻也离不开心理的制约和情感的驱动。对学生的教育与培养，应当把智力因素与非智力因素紧密结合起来，使学生充满信心，心驰神往，执着追求，心灵中萌动积极向上的信念，使心灵活动与思维活动统一成为高效率的智能活动。诚如新课标指出的那样，旧的灌输式、封闭式的教学方式，压抑学生个性，使学生情感麻木，学习兴趣降低、缺乏合作精神和创新精神。新课标倡导的开放式、自主合作、探究式的学习方式，有利于学生良好思维品质、优良个性和健全人格的培养。

一年多来，我校积极实践研究性学习、探究性学习和综合性学习方式，使教学出现了前所未有的生机和活力。下面举两个案例。

一个是初中二三年级的探究性实践课。课题是"江汉油田石油化工厂该不该解散"。学生们积极主动走访原石化厂领导、工人，原石化厂住宅区群众和当地报社；测量、计算、查找数据了解该厂对空气、地下水的污染程度；调查该住宅区居民相关病症发病率；查找石化厂经济效益及工艺流程、市场运作方面的资讯……

最后，该课题组形成了三大"阵营"："效益"派认为石化厂不该解散。除了因为石化厂具有良好的经济效益外，他们还谈到油田的经济应是一个跷跷板，当石油价格上扬时，靠石油保效益；当石油价格下滑时，靠石油化工创效益。如果跷跷板掀掉了一头，将是油田经济的一大损失。"环保"派认为石化厂早就该解散，他们谈政策论文件、列数据摆事实，证明石化厂对环境产生极大危害，"弊"大于"利"。"社会"派从维护社会的和谐稳定出发，指出石化厂不宜轻率解散，而应有计划地逐步分流和转产。

什么是探究性学习呢？就是通过设置一个探讨问题的情境，让学生主动进入。但这个情境并不简单，这是以导学为中心的课内外结合教学之路。在这个学习过程中，学生完成了各科知识的整合和各种能力的锻炼。采访、辩论、写调查报告，需要语言表达能力和与人沟通的能力；查找资料需要搜集和处理信息的能力；计算、测量、检验需要数学、物理、化学，甚至生物学、地理学等多学科知识。同学们打通了人与人之间合作交流的通道，并第一次将课本知识同社会接轨。探究仿佛一把钥匙，为学生打开了一个广阔无垠的世界的大门。众多的因素作用于每个学生，学生就在"我"与课本、"我"与课堂、"我"与老师、"我"与同学、"我"与人们、"我"与社会、"我"与环境、"我"与未来……中认识"我"，建设"我"。这时的"我"，就不是一个孤立的"我"，而是一个独立的"我"在蓬勃成长。教学的主体发生了改变，学生真正成了学习的主人，从被动接受知识的对象，变成了主动对各种现象各种见解进行辨析、判断的主体，然后决定取舍或动手创造。正如作家王宏甲在《中国新教育风暴》中指出的那样："学生本人价值体系的建构，是教育应该去完成的最了不起的建设。这是在建设、在塑造一个最终能融入社会，对社会有用，有自主意识、有独立人格的人。"

另一个例子是高中文美班的综合性社会实践课。学生自由组合后联系单位或个人，为其提供室内装潢设计服务。联系"业务"要有沟通能力和百折不回的心理承受力；设计风格要符合"客户"的气质、修养和审美情趣，则需美学、心理学知识；画效果图需绘图技巧，而电脑效果图更具优势，还需掌控电脑绘图技巧；选料需要化学知识、环保知识；测量、构图，需要数学、物理知识……实践后，浮躁的"才子"谦虚了，感叹"学无止境"；厌学的学生勤奋了，决心"学以致用"。

这样的例子还有很多。学生在民主、融洽的氛围中情感和个性得到了释放；在自主、探究的学习中获得了成就感和自信心；在通力合作、艰苦探索中，创造潜质得到了开发，意志得到了磨炼，人格得到了提升。我校将继续加大教研教改力度，让教改的理念、办学的理念进一步深入人心，内化为全员行动，使课堂成为教改的前沿，成为学生充分发展、全面提升的平台。

（二）大力加强班主任队伍建设，积极倡导人性化、个性化的德育工作方式

《中共中央国务院关于进一步加强和改进未成年人思想道德建设的若干意见》中指出：要完善学校的班主任制度，高度重视班主任工作，选派思想素质好、业务水平高、奉献精神强的优秀教师担任班主任。可见，班主任在学校教育工作中的重要性。学校有一批善于教育人、培养人的班主任，实在是学生的福分，家长的期盼，更是社会的召唤。

1.班主任的选拔工作由年级组、政教处、校务会层层把关，聘用人格健全，有奉献精神，有管理艺术，有进取精神和创新意识的同志担任班主任。

2.政教处、各部、各年级组有培训班主任的职责。要求教师必读《走进新课程》《陶行知教育理论》等书籍，订阅《德育报》《素质教育报》及其他与班主任工作有关的资料；每月至少召开两次班主任工作经验交流会，每学期组织两次主题班会课比赛，加速经验的传播，激发班主任的进取心，也缩短潜质班主任与优秀班主任之间的差距。

3.改进对班主任工作的考核方法，除了旧有的常规教育水平、教

学成果等考核条例外，大幅度加入对个性化、人性化管理方式的考查。每半学期一次，采用对学生进行问卷调查的形式完成。主要考查以下几个方面：（1）班主任是否和同学们一起制订了《班级管理常规》，你是否提高了自律意识？（2）你在班级中是否感受到一种既严格又宽松、民主、和谐的气氛？你在班级中是否感受到尊重、重视、肯定和鼓励？（3）班主任是否和你们一起制订了《优良个性、完整人格的自我培训、自我提升计划》，并用多种有创意有吸引力的方式（如演讲、辩论、歌舞、快板、征文、漫画、flash 动画、戏剧表演……）去实施？（4）班主任是否在构建和谐师生关系、和谐亲子关系方面做出了努力？（5）班主任是否经常同你谈心或用眼神交流，关心你的身心健康？（6）班主任鼓励你们发展特长，发挥优势，参加各种有益的活动吗？……

4. 每学期在学生及家长中开展征文活动，题目是《我印象最深的班主任的一句话》《难忘的班会》《我懂得了自律》《××老师是我生命中的灯塔》《向中——一个个性飞扬的舞台》《我在"自我塑造"中成长》等。优秀文章用墙报的形式展示，既是对班主任工作的检阅，也是激励。

5. 政教处要求班主任每月交一篇读书札记或班会教案或德育论文，用同一字号打印，以便装订、传阅、交流。法国 17 世纪大科学家、大思想家、大哲学家帕斯卡在他的撼世之作《思想录》中有一段精辟论述："人只不过是一根苇草,是自然界最脆弱的东西,但他是一根能思想的苇草……我们的全部尊严在于思想。"脆弱的人因为会思想而有了改变宇宙的强大力量,一个班主任拥有了深邃的思想、先进的理念,将给教育注入何等巨大的能量!

（三）加强校园文化建设,为优良个性、健全人格的培养提供人文环境。

校园文化是整个人类文化的组成部分,由此形成了实体性校园文化与非实体性校园文化。实体性校园文化由学校建筑的布局造型、颜色,各项教学设备、设施,校园种植的花草树木等物质文化和由学校图书馆、资料室收藏的以及从社会流入学校的各种图书、报刊、资料等精神文化载体构成。非实体性校园文化有两类:一类是由学校的各项制度、学校机构体制、学生的行为守则等校规、校纪所构成的非实体性制度文化;一类是由各种人际关系以及教风、学风、校风等构成的校园非实体性的精神文化,也包括学生参加各类课外活动所构成的实践性的精神文化。

校园文化促进青少年人格的协调、平衡发展。生活在优美、和谐的校园里,青少年能体验到人生的乐趣与生命的完美,从而保持健康心态。校园里各种高雅的审美文化活动是青少年获得自我表现与心理宣泄的良好机会,能减轻压力,淡化、摆脱心理困境,从而促使青少年的潜能、创造性、个性得到充分发展。

我校正在兴建图书馆、实验室、学术报告厅、文化休闲角、文化墙、舞蹈室、心理咨询室等实体性校园文化，力求创设富有艺术气息、人文气息的校园环境，使学生在美的环境中得到熏陶和浸染。

在这里我要重点提到心理咨询室。人身体上得了病会比较方便得到诊治，而心理上出现问题却很容易被忽视和回避。世界卫生组织（WHO）把健康定义为不仅没有身体的缺陷和疾病，而且有完整的生理、心理状态和社会适应能力。我校成立心理咨询室并配备专业心理健康教师，就是想要尽可能解决学生的心理困惑，帮助他们健康成长。这是关心学生心理健康，尊重学生人格的体现。

学校还通过校园文化墙开辟专栏，为学生提供情感宣泄平台；通过自编德育校本教材、建立德育导师制等措施，帮助学生树立正确的人生航向。

学校着力构建"以人为本"的教学管理机制。如对学籍的管理，学校采取自愿编班，建立"教育超市"的办法，划分大文、大理、理科艺术、文科艺术等各种班级，以满足不同层次学生的个性需要。鼓励学生张扬个性，发展自我，激发成功欲望，以期达到人人成功、个个成才的目的。政教处、班主任改变对学生的评价方式，变"三好奖"为"个性奖"，变"优秀奖"为"发展奖"。过去的评价方式是人为地把学生划分为三六九等，少数学生得到重视而大多数学生被忽视，差异得不到正视，个性得不到肯定，进步得不到鼓励，而"个性奖""发展奖"是人性化、多元化、科学化的评价方式，使学生追求有目标，发展有方向，上进有动力。

学校开展丰富多彩的课内外活动，让学生在自主体验中进行自我管理、自我提升、自我塑造。

如将学习成绩落后、行为习惯较差的学生定期组织在一起，针对他们的特长和爱好组织丰富的活动，如球赛、诗歌鉴赏、讲故事比赛、戏剧表演、模拟法庭……使他们感受到尊重和关爱，从而自尊、自律、自爱，还为他们摄像、刻碟，在全校播放，使其体验成功的喜悦……

如开展"采访钻井前线""随父母上一天班""体验经营者的甘苦"等社会实践活动，让学生在体验中感受生活的艰辛、知识的重要，加强了劳动意识，增进了与劳动者的感情。

如组织学生在重阳节走街串巷为老人打扫卫生，宣传健康知识，表演节目；在"消除贫困日"为社区贫困户捐款、捐书……在活动中，孩子们加强了对社会的关注意识，树立了服务意识，同时也展示了风采，增长了才干。

如建立由学生会自主管理的学生网站和校园广播台；成立文学社、诗社、演讲协会、英语戏剧社、歌迷会、科技爱好者之家等学生社团。

如设立体育训练营，指导学生进行乒乓球、篮球、足球等训练。体育活动不仅可以锻炼学生的身体，促进学生的心理健康，更能磨炼学生的意志。

如开展"文化月"活动。把往年的"艺术节"扩展为涵盖智育、美育、文艺、体育、德育等各项活动的综合性文化节。如科技制作、征文、演讲、朗诵、球类竞技、书画展、读书笔记展、知识抢答赛、英语口语秀、数学竞赛……让每一个学生都能在这个月内动起来，show（展示）出特长、show 出风采，彰显个性，宣泄情感，升华人格！

学校是雕塑心灵的精神圣殿，不是生产工具的车间。让我们用审美的原则、人文的情怀、激情的创造去打造优秀的校园文化，创设良好的育人环境！

当前，中国教育正处于转型期。时代呼唤我们每一个教育者更新观念，尊重每一个学生，让每一个学生都得到发展；重视学生优良个性的培养、健全人格的塑造，让他们将来有足够的力量去撑起人生的天空和民族的未来。

"路漫漫其修远兮"，探索是艰难的，但同时也充满挑战的激情和创造的愉悦！聆听时代的召唤，展望教育的未来，我校全体师生信心百倍，逸兴满怀！

2005 年 8 月

（原文发表于《湖北教育》2006 年第 1 期，选入本书时有改动）

为多梦青春导航　为幸福人生奠基
——在招生会上的讲话

尊敬的家长朋友们：

晚上好！

我曾经听过这样两句赞美母亲的名言："推动摇篮的手，就是推动世界的手。""是母爱的巨浪推动着人类这艘航船扬帆向前。"

迎向大家关注的、睿智的眼神，我想我应该在这两句名言中把"父亲"也加上。所以，各位伟大的母亲、父亲，请允许我代表孩子们向大家道一声"辛苦"！也允许我代表广华中学广大教职员工向大家表示由衷的敬意和热烈的欢迎！

我要同大家交流的话题是"为多梦青春导航　为幸福人生奠基"。就任以来，我越来越深刻地感觉到广华中学两千名学生就像一株株青春的树苗，那纤敏而富有生机的根系已深深植进我全身每一处血脉。

他们生命中的每一缕吐纳呼吸，每一次泣笑歌吟，都牵荡着我的神经、拍打着我的心房。

一夜夜辗转难眠，一回回忧心如焚，一次次深入调查，一个个现场会议，一场场教育活动，一套套改革方案……都只为践行我们教育人对生命的承诺：用全部真情与智慧，实施高品质的教育，全心全意为学生的发展服务，为学生的幸福奠基。

我们平常在教育孩子的过程中，往往陷入这样的误区：恨不得把所有能够利用的时间都卡严盯死，并不断用考试、排名、前途来增加孩子的学习压力。结果时间加汗水并不能换来可观效益，压力也没能变成积极的动力。我们不怕孩子一时偷懒，怕就怕孩子们精神一直处于疲软状态。

其实，我们在教育孩子的过程中，不要仅仅思考我们要求孩子做什么，还应该换一个角度思考问题：孩子们需要什么？我们应该为孩子们做些什么？

学生需要的是用高品质的教育去激活学习动机，使他们能够充满激情地主动去学习。那么这种对学习的兴趣和热情从哪里来呢？来自学习过程中体验到的快乐和成就感。我校积极推进课堂教育改革，用生动、高效的课堂吸引学生；我们还稳步推行自主学习，每天保证一节自习课，晚自习有一个小时的自理时间，学生可以用这个时间有针对性地培优补差，做竞赛题、看课外书、写作业、预习、复习、巩固、梳理……不懂的问题可以问老师、问同学。这对于出类拔萃的学生拓宽、掘深、冒尖有极大的帮助，对于偏科学生"治跛"也大有好处。在自主探究中，学生收获的是成功的愉悦，更是超越自我的快乐。但我们的自主学习不是不负责任地放任，而是用科学的引导、及时的辅导、定期的检测来保障学习效率。为此我们专门开了干部会、教师会、学生会，反复学习、研讨，还制订了自主学习方案。

关于优秀学生的培养问题，也有很多家长很诚恳地同我交换过意见。他们认为外地名校可以为优等生提供更广阔的竞争平台，在竞争力越强的地方越能调动孩子的学习积极性。但是家长们又很困惑：为什么油田很多学生到外地读书，花了不少的钱，却没能取得预期的效果呢？

我愿意很理性地来探究这个问题。一方面油田独生子女适应独立生活有一个过程；另一方面部分学校对学生的管理过于宽松，稍不自觉，学生就容易把三年时光"滑"过去了。如 2006 年在油田复读考上香港城市大学的高 ×× 同学就是这样。他在某名校附中上了三年学，2005 年参加高考只考了 520 分。

其实，在我看来，还有更深层的原因。高中生年龄在 15 ~ 18 岁，正处于青春期，青春期的孩子最明显的心理特征就是自我意识觉醒，并呈现偏强之势，特别需要得到关注、欣赏和肯定。到外地名校去读书的学生在小学、初中都是家庭和班级关注的焦点，到了人才济济的地方，受到的关注、欣赏肯定会少很多。曾经有一位以中考全区第二名的成绩进入华师一附中的同学对我们说："到华师一附中来之前，我真的相信自己智商很高。但高中几年下来，我才知道自己有多平庸，越学越没斗志。高三父母为了让我有一个好的学习环境，给我在外面租了房子，我最后半学期除了十分必要的考试，连学校都很少去，就是提不起精神。"自然，这个孩子的高考成绩不能让自己和家长满意。

美国心理学家詹姆斯说："人类本质中最殷切的要求是渴望被肯定。"德国教育家第斯多惠曾经说过："教学的艺术不仅在于传授本领，更在于激励、唤醒和鼓舞。"关于"肯定"的巨大心理暗示作用及其效能，我们可用心理学中人们熟知的"罗森塔尔效应"来诠释。著名心理学家罗森塔尔在一所学校做了这样一个实验，他给该校的教师提供了一份具有优异发展可能的学生名单。其实这份名单是罗森塔尔随机挑选的。但几个月后，被列入名单的学生学习成绩居然有了显著提高，性格也变得活泼开朗，与教师的情感也随之深厚起来。由此可见，教师、家长、同学对学生的尊重、信任和期待可以形成一种无形的力量，促使其不断努力，尽力达到对方的期待。一个在尊重与欣赏的环境中成长起来的孩子有幸福感、成就感，自尊、自信，富有激情、富有创造力，有足够的内驱力去完善自我、超越自我，即拥有完整的人格。而在压抑、失落的环境中成长起来的孩子没有幸福感、成就感，或自卑厌世，或乖张任性，缺乏足够的内驱力去完成健全人格的自我塑造。

有家长会说，只要你们教师多关心多表扬孩子，不就成了吗？关于这个问题，我需要补充一点，外界给予的肯定固然重要，但对于已有极强的分析、判断能力的高中生来说，他分得清楚，平等的发自内心的欣赏同居高临下的表扬，或是出于同情、安慰而给予的"夸奖"的区别。真正强大的心灵力量来自一个和谐、健康、积极、向上的集体，来自在学习、活动和工作中不断获得成功而逐渐强化的自信、豪情和霸气！其实一些成绩一直遥遥领先的孩子，他们的心理并不像我们想象得那么坚强，在挫折面前他们更容易有幻灭感、无助感和自责感。而青春期的孩子，情绪特征呈现极大的内隐性。内心的迷惑、徘徊、挣扎、痛苦，他们最不愿意向家长倾诉。在同学面前又死要面子，"鸭子死了嘴硬"。如果他们连续几次冲不进理想的名次，可能会以所谓"不在乎"的姿态来掩饰自己，并以此来在同龄人面前证明自己的"潇洒"和"高智商"。但家长和老师这时往往不是想方设法增强孩子的信心，而是批评、唠叨、加压……

一位著名的作家曾经这样呼吁："现在的中小学教育过于强调竞争，不重视学生进行合作的尝试、成功的体验。失败的，心力交瘁；成功的，目空一切。这都是内心脆弱的表现。这种人格是难以适应竞争极强的社会的。我们只有在青少年时期给孩子们的心灵打下阳光的底子，让他们懂得相互欣赏、平等交流、积极合作；懂得自我肯定，自我超越；懂得感恩、懂得宽容……这样健全的人格、坚韧的心灵，才是打开未来成功大门的钥匙，才能去适应社会残酷激烈的竞争。"

那么，怎样给学生的心灵打下阳光的底子，让学生获得成就感，增强自信心，对自己、对理想、对前途充满希望呢？

我们变单一的灌注式教学为探究式、建构式、活动式、自主式等方式同讲授式的有机结合，使学生在学习过程中体验到乐趣。我们定期举行各类竞赛，仅语文方面就有作文竞赛、阅读竞赛、辩论、美文诵读等，还有数学竞赛，英语口语竞赛、听力竞赛，化学竞赛，生物竞赛，等等。我们的想法是让学生在各种活动中了解自己的兴趣、专长，在成功体验中获得自信与快乐。月考、期中考、期末考、统考，我们会给总分全年级前十名的学生发校长奖励金，让年级前六十名的学生都有跃跃欲试的冲动；对单科前几名和学习进步较大的同学也都有奖励……我们也会让学生逐步树立正确的考试观念：考试是对学习效果的检测，是对努力的肯定，也是查漏补缺的手段。它不是一个定性评价，而是一个过程评价。这样，我们的课堂学习、自主学习、考试检测、鼓励评价、班级文化建设和家庭关爱，形成一个良性的教育生态系统。学生在学习过程中感到探索的快乐、成功的愉悦、合作的重要、自我的发展和超越，以及亲情、友情、师生情的美好与温馨……

亲爱的家长朋友们，我们广华中学每一位教职员工都能够感受到孩子是您家庭的珍宝、人生的希望。这份责任沉甸甸的，这份信任暖融融的。我们不会辜负，又怎能辜负！最后用哲学家周国平先生的一句话收尾："教育的目标应该是培养健康、善良的生命，活泼、智慧的头脑，丰富、高贵的灵魂。"我们将用全部的真情与智慧去践行真正的教育，为多梦青春导航，为幸福人生奠基！

您的信任、理解、支持、帮助将给予我们无穷的温暖和力量！

谢谢大家！

2009 年 3 月 25 日

科学引领 自主建构 卓越发展
——关于"自主学习"的几点建议

一、自主学习的意义

自主学习是高中生心理（包括智力）发展的客观需要，是高中生人格塑造的必由之路，也是增强高中生学习效果的良好手段。

1. 从高中生心理发展水平看，高中生具备强烈的自主学习欲望，并有一定的自主学习能力。

从《心理学》教材中我们得知高中生认识过程具备以下特点：

（1）感知和观察质量提高。由于掌握知识，进行观察和实验的要求，高中生观察水平不断提高，内容更加丰富，能抓住事物的本质，比少年期更富有选择性、理解性、整体性和恒常性。但也有观察程序不合理，观察精确性不够，容易草率下结论等不成熟的表现。

（2）注意品质得到较好发展。高中生的注意力比较稳定和具有目的性，有意注意在学习、生活中发挥重要作用。注意的广度、分配达到了一般成人的水平，他们大都能根据学习的目的、要求及时而又迅速地转移注意力。

（3）记忆已达到新的水平。高中阶段是人的记忆力发展的高峰期。高中生记忆的主要特征有：意义识记占主要地位，机械识记逐渐减少，有意识记发挥重要作用，兼顾无意识记；记忆的容量大，记忆的质量明显地超过少年期的水平。有关研究资料表明，在相同时间内，高中一二年级的学生，在记忆内容上，比初中一二年级的学生要高一倍多，比小学一二年级的学生要多四倍。但部分中学生否认必要的机械识记，认为是"死记硬背"，教师要帮助他们消除对机械识记的错误认识。

（4）思维品质获得了很大发展。高中生的思维既有从一般到特殊的演绎过程，也有从特殊到一般的归纳过程，开始从直觉经验型向理论逻辑型转化，具体形象思维与抽象思维达到了高度的统一。

与此同时，高中生独立思考的能力也迅速发展，对事物的认识开始有自己的见解，开始用怀疑和批判的眼光来看待周围一切事物，不满足成人和书本上的结论，喜欢怀疑、争论和猎奇，也喜欢探索、辩驳和提出一些新奇的想法，但其发展还很不完善，容易产生一定的片面性和表面性。例如容易毫无根据地争论，钻牛角尖，看问题孤立偏激，易走极端等。

思维的广阔性与深刻性显著提高，灵活性与敏捷性迅速发展。主要表现为思考问题周全，既能抓住关键问题和事物的本质规律，又能不忽略个别重要的具体细节；能从不同角度不同方面用多种方法来思考问题，能举一反三，触类旁通，思考问题速度快，能很快抓住问题的主要矛盾，找到解决问题的有效方法。

辩证思维获得明显的发展，青年初期的学生知识经验不断丰富，能够较为全面地发展地看待问题。在学习和实践活动中，他们能够正确认识一种现象的产生可能有多种原因，而同一个原因可能产生不同的结果。任何事物的存在往往依存于其他事物，与其他事物发生联系并受其制约。

高中生好奇心和求知欲特别强，大多敢想、敢说、敢做，较少受传统习惯势力的束缚，不被名人权威吓倒；创新意识强烈，敢于标新立异，勇于解决新问题。

高中生随着年龄的增长，解决问题过程中思维的创造性越来越强，发散性思维能力越来越强。表现在他们不受旧思想、旧观念、旧思维方式的束缚，善于改变思维方向，从新的角度提出问题和解决问题。

由此可见，只有不遗余力地为高中生搭建自主学习的平台，引领高中生进行科学高效的自主学习，才能适应高中生心理发展的客观规律，才能培养出有独立人格、独立判断力，富有创新精神的高素质人才。

2. 自主学习的方式能够提高不同基础、不同兴趣学生的学习针对性、实效性。

3. 自主学习能够促进学生个性化学习方式的形成，从而促进学生个性化发展方向的形成。

4. 自主学习能够增强学生对学习的承担意识，培养学习兴趣，挖掘学生的巨大潜能。有利于培养学生坚强的意志，也有利于质疑、合作、探究等优良思维品质和精神气质的形成。

二、学生该如何自主学习？

1. 充分利用自主教育的平台，在学案的指导下进行预习。通过预习，明确学习目标和重难点，并大胆质疑，初步形成知识建构。

诚如肖川在《教育的真情与智慧》中所说的那样："一门课，一个主题的学习，一节课，一个教学活动，究竟要达到什么目标，光老师清楚是不够的，一定要有一个与学生协商、沟通、交流的机会，让学生明确当下的学习对于他的成长和后续学习有什么样的意义。""这样既使学生目标明确地进入主动学习状态，而且有利于学生良好品质的培养，因为做事有明确的目标和追求，而不是浑浑噩噩、糊涂被动，也是成功人生的必要品质。""质疑是建构知识的重要环节。""质疑对于发展中的个体而言是创新的雏形。"

也许有同学会认为预习环节延宕了授知时间，降低了学习效率。其实预习环节是明确学习目标、大胆质疑、主动建构的过程，能使学生学到的知识成为素养的一部分、能力的一部分，使知识融会贯通，经久不忘，这才是真正的高效率！更重要的是预习"垫高"了学生，使学生打破了教师是知识唯一权威的心理藩篱，使学生敢于同教师对话、同学生对话、同文本对话。在"对话"的过程中，学生能不断获得学习的成功感和愉悦感。

2. 认真完成教师布置的作业。因为作业是我们对知识进行运用的过程，是梳理、消化、巩固知识的必要手段，更是知识转化为能力的高效手段。

3. 完成作业的过程中，要大胆质疑。问老师，问同学，问专家，问资料……在质疑、探究、合作中，科学地、快乐地、高效地完成知识的建构。学校设置导师辅导制，可以满足同学们的学习需求；同学之间的相互交流要自律，在不影响他人学习的基础上进行。

4. 充分利用自主学习的平台，成就同学们的个性化发展和优质发展。

（1）同学们的思维方式不同、性格不同，喜爱的学习方式也不同，大家可以在自习课上采用自己的方式，愉悦地、自主地、有选择地学习。

（2）每位同学一节课下来知识掌握的程度不同；要提高的薄弱学科不同，要加强的薄弱知识点不同，要攻克的难点不同；要参加的学科竞赛不同……这样一来，我们不仅要完成老师统一布置的作业，还要自己找"作业"呢！无论是高考状元，还是社会上在某一领域卓有成就的精英们，谈到中学生活，最感谢的不是老师灌注的知识，而是那些在睿智的教师的引领下，带着好奇的目光、极大的热情，自主钻研、自主建构的知识。在学习的过程中不断地认识自我、发现自我，不断地自主建构、自主超越，才是我们应有的优质发展。

三、教师该如何引领学生自主学习？

1.明确思想。要树立正确的教育观、教师观、学生观，从学生发展的实际需求出发，相信学生，依靠学生，给学生自主的空间。这是自我的解放，更是学生"生产力"的解放。

2.自主学习不是消极地放弃教师的引导作用，更不是放羊，而是积极地引导学生形成知识的自主建构。这个引导的过程是宏观调控和微观控制的结合，是科学性与人文性的高度统一。

（1）充分利用自主学习这个平台，科学地、人文地完成培优补差的工作，把学生的个性化发展和优质发展统一起来。对于偏科学生和竞赛苗子，作业采取推荐、建议和指导、交流、检查相结合的方式。如推荐相关的书籍，这几天看某页到某页；推荐相关的专题题目，这几天做哪些题目。适时指导，多向交流，及时反馈。

（2）布置学生的作业要将软作业和硬作业相结合。

（3）课堂教学、作业、考试要形成一个环环相扣、相辅相成的知识建构链条。布置的预习作业在课堂上要抽查或给学生展示的机会；课堂上讲的知识，课下作业要引导学生去梳理、消化、落实、运用、拓展；单元测试或小测试中要有作业的反馈，即测试中要有与作业类似的题目，使学生学之有序、学之有趣、学之有法、学之有得，从而获得学习的成就感。减少以往那种未经预习就条件反射似的被动、单调地接受知识的现象，改变学生学习方式的大一统现状，让学生在自主选择、自主调节、自主创造中建构知识、运用知识。这样，学生才能越学越有兴趣，越学越有底气，越学越有豪气，越学越得法，越学越有效。

我愿意把真正促成自主学习的课堂称为"生态课堂"。

"生态"是指自然环境中生物与生物之间、生物与生存环境之间相互作用建立的动态平衡关系。联系我们的课堂，就是指教师、学生、环境三者之间形成的一种动态平衡关系。生态的课堂是以人为本的课堂，关注人性，突出发展，是学生成长的乐园；它是由认知领域到生命全域，是教师、学生、文本之间多维的对话过程。任何一个和谐的生态系统，每一生态元素都会按自身的固有规律自由、合节律地生长、发展。教育应该顺应青少年的特点，遵循其自然发展的顺序，促进他们身心自然、和谐地发展。打乱了这一顺序，急功近利，硬性灌注，忽视个性，强求统一，我们就会造就一些早熟的果实，它们长得并不丰满，也不甜美，这些果实可能酸涩，而且很快就会腐烂。顺乎自然，遵循生长规律，正是生态伦理的基本要求。

真正的教育应当是尊重生命、启迪智慧、丰富灵魂的教育。真正的"生长"，应当是有承担、有自知、有自律、有乐趣、有选择、有创造的发展。

让我们在师生共同搭建的自主学习的平台中，收获对学科知识的理解、对学科思想的内化、对人格的尊重和塑造、对生命价值的领悟与提升。

我相信我们能够做到。因为我们的心智、我们的能力、我们的意志……都在一天天"生长"。

2009 年 2 月

勇立课改潮头高扬科学风帆
乐享教育历程谱写生命诗篇

2011年盛夏，太多喜讯携着滚滚热浪振奋着曾经一度陷入发展瓶颈的广华中学。

学生的留言：

拿到北京大学的录取通知书，我没有想象中的激动。惜别的惆怅涌上心头，我竟是那样怀念课堂上的热烈讨论，竟是那样留恋那些可以依靠又可以没大没小开玩笑的朋友般的老师们。

离任老校长短信：

广华中学在市场竞争如此激烈、生源如此短缺、优质生源流失如此严重的困境下，高考大面积丰收，囊括潜江高考理科前三名！吴校长，您超越了历史，向您致敬。

记者采访：

广华中学的高考辉煌是科学与人文的结晶，是真情与智慧的凝聚。科学的理念，人文的关怀，宏观战略的前瞻性，微观策略的严密性，让我们看到了广中复兴的秘诀所在。

省课题领导小组专家姜瑛珂主任来电：

您上次在省课改推进会上做的典型发言，获省课改成果论文一等奖，你校课改成果显著，祝贺您！

……种种鼓励和赞誉，让我更坚定了坚守教育理想，全面推进素质教育，稳步推进课程改革，走内涵化发展道路的信念与决心。

一、直面困境，更新观念，崇尚科学，激活主体，带领学校成功突围

油田矿区地处偏远，适龄学生总人数逐年减少，在教育市场竞争日趋白热化的背景下，优质生源外流现象愈演愈烈。油田高中教育发展遇到前所未有的瓶颈。今年参加高考的学生是 2008 年 9 月入校的，当年就有近三分之一的学生转向外地。中考前二十名只剩下第二名、第五、第八名，前六十名学生流失大半。我是 2009 年 1 月调入广华中学的。大家可以想象当时学校经受着怎样的质疑，而全校师生陷入了怎样的迷茫。

我清醒地意识到过去时间＋汗水——外延扩张式低品质、低效率的教育教学方式，已没有市场号召力，尤其是对优质生源缺乏吸引力。对于在多元文化背景下成长起来的个性张扬、意志力薄弱、自控能力差的大部分油田少年来说，更是一种人格的贬抑、个性的摧残、灵肉的折磨。

首先，我们必须调整战略，更新观念，深化改革，走内涵化发展道路。基于对办学环境的理性思考，对办学实践的深刻反思，对教育规律的深层次把握，我为"求实创新·和谐发展"的广华中学办学理念注入新的内容——"尊重生命·启迪智慧·丰富灵魂·和谐发展"。我们以"双生长"（教师生长，学生生长）教育管理理念为推进手段，以"生态高效课堂"的打造为抓手，以"促进学生主动发展、自主发展、快乐发展、卓越发展"为核心，全面提升教育教学质量，提升学校的管理能力和办学境界。

其次，细化策略，探寻规律，完善过程，走科学化发展道路。

考察了国内几十所名校，阅读了大量教育专著，再结合近二十年教育管理经验和广华中学发展实际，遵循油田学生青春期心理特征和高中生认知特征，我提出"三步走"阶段性发展规划和"三自"个性化发展策略。

"三步走"阶段性发展规划：以年级划分，每一年级有具体侧重点。

高一阶段："严"中求"稳"，知识上强调学生弄"懂"。

"严"是因为学生走出中考的紧张后，容易出现松懈现象。所以在班风学风建设中突出一个"严"字。而这"严"不是强制式棒喝式的威压，而是在加强理想前途教育的前提下，学生自觉遵守、欣然遵守经民主讨论、全体决议诞生的《班级公约》。在自主自律、积极进取的班级文化建设基础上逐步培养学生的自主精神、自学习惯，提升自主能力。

"稳"是针对学生在初高中衔接过程中，面临高中课程特点、思维特点、教学方式等的急剧变化产生的不适应现象而提出的。教师要对适应性较差的学生进行学法指导、情绪疏导、心理调适；对适应性强的学生，要引导他们树立大志向，制定高标准，戒骄戒躁，珍惜时间，强化积累，拓宽知识面。唯其如此，才能在质和量两个层面上为高二掘深、高三冲刺做储备。

高二阶段："活"中求"深"，知识上强调学生学"会"。

"活"就是教法活、学法活，尊重学生的思维特质、兴趣取向，深化"生态高效课堂"，加强研究性、探究性学习方式研究，丰富第二课堂，强化竞赛辅导，落实选修课程，使学生在选择中发现自己、成就自己，学出自信、学出个性，快乐发展、卓越发展。

"深"就是教师要在学生知识面逐步拓宽的基础上，逐渐引导学生进行知识的链接与整合，提升思维能力，为高三冲刺做知识与思维的准备。

高三阶段："紧"中求"精"，知识上强调学生求"对"。

"紧"是时间上抓紧，备考计划科学、紧凑、翔实；计划落实扎实、全面、高效。

"精"有两个层面：第一个层面是通过知识的强化训练和备考心理的科学指导，让学生精益求精，知识生智慧，能力化分数，题题做对，分分归位。第二个层面是教师的备考工程要精，杜绝单调琐碎低效无序的简单重复，提倡科学的建构、严密的整合、有序的提升。

"三自"个性化发展策略：教育是对生命的尊重，智慧的启迪，灵魂的丰富，只有激励学生"自主、自信、自强"发展的教育，才是真正的教育，高品质的教育。

"自主"对于临界生（一本希望线学生）及大部分学生来说，就是克服"外紧内松"的疲软被动状态，激活主体意识，在各种文化内涵丰富的体验式教育活动中意识到自己是学习的主体，是美好人生的开创者，增强内驱力，主动发展。

"自主"对于优秀学生来说，就是教育者给予学生自主学习的空间，赋予其自主发展的权利，这是卓越发展的前提和保障。我到广中赴任伊始，便顶着很多家长教师不理解的压力，毅然于在校时间中为学生开辟每天近两个小时的自理自修时间，并大力倡导教师因材施教，进行个性化辅导。

"自信""自强"就是在教育教学中尊重学生的兴趣与个性，呵护学生的自尊心，建立并不断强化学生的成就感、效能感，使学生激情满怀、豪兴满怀地快乐发展，健康发展，卓越发展。自主教育是一种科学的理念，更是一种文化。当学生的学习主动性、积极性被充分调动起来，学生的锐气、霸气、豪气被激发出来，我们该用怎样的笔墨去描绘那份奇异的力量！

教育有三重境界，即接受教育、感受教育、享受教育。

我想，享受过程，就是我们要追求的办学境界。我们要从课堂改革入手，从打造一流的德育队伍入手，从建设优秀班级文化、校园文化入手，让学生高中三年不是在"熬"中备考，而是在享受学习，享受生长。我提倡"双生长"，即学生生长与教师生长。因为杜威说过："教育即生长。"当我们的教育体现了对生命的尊重、对智慧的启迪、对灵魂的丰富、对终身发展的促进，我们不仅给予了学生生长的力量，我们自身、我们的教育也就获得了强大的生长力量。

三年来我校高考一年一个台阶，2010年10月顺利通过省级示范高中复评。生源外流现象明显遏止，学校以良好的口碑和教学品质吸引了大批外地优秀生源就读。学校逐步走上良性发展轨道。

二、思想引领，行动示范，评价激励，打造学习型团队，带领学校走可持续发展道路

多年来我一直走在教育教学前沿，勤于思考，笔耕不辍。1998年辅导青年教师参加全国大赛获一等奖，我荣获全国物理协会授予的伯乐奖。2005年获国家"十一五"重点科研项目"素质教育与校园文学研究"优秀课题组组长称号；2006—2007年成功完成校本研修课题"校园预警机制""青春期心理研究及教育对策"；2008—

2009 年担纲组长的局级课题"高中生态高效课堂教学模式研究"获局级一等奖。多篇论文公开发表，其中《关注生命状态 促进终身发展 回归教育本质》一文收录入《湖北省名校长办学思想录》并被《中石化教育》转载；《尊重个性，升华人格》一文发表于《湖北教育》2006 年第 1 期；2010 年 11 月在省课改推进会议上做典型发言，2011 年 1 月 2 日《教育文摘报》登载我的论文《校本教研制度在活动中重建 教师专业发展在教研中实现》，该文获湖北省课改成果一等奖。

校长领导下的以教师为主要依靠力量的学校发展是一种创造性的活动，在这个过程中，我们创建学校学习共同体，在系统思考的基础上，鼓励个体自我超越，建立学校共同愿景，不断改善心智模式，提倡反思、分享、学习文化，不断促进学校持续性发展。

面对新课程临近，学生越来越难教的形势，许多教师陷入困惑和忧虑之中。我适时提出"双生长"教育管理理念，引领教师完成三个建构，即心理建构、知识建构、文化建构。

何为"双生长"管理理念？我认为，学生学业上的困惑、心理上的迷茫、行为上的偏差……都是生长中的问题。教师针对这些问题去阅读、去探讨、去实践，有了更科学、更人性化、更能够走进学生心灵的教育方法，就是和学生一同生长。之所以用"生长"这个概念，就是向教师们强调学生是依照自身的个性心理特征在生长，教育不能揠苗助长，要驱除功利阴霾，尊重科学、尊重生命；教育不能"批量生产"，要研究学生，顺应天性，适应个体；教育不能单向灌注，要让学生在各种人际关系的互动中和谐生长……

同时，"双生长"的理念还把教师的心态从焦虑、倦怠转化为平和、笃定。作为成年人，我们教师也在持续生长，同生长中的教育事业、生长中的伟大时代、生长中的美好生命一同生长。生长不能止息，故而不能故步自封，要与时俱进；生长是各种人际关系的动态生成，故而专家引领、同伴互助、自我成长，将是我们教师专业化发展的必由之路。

我创办《双生长文摘》，推荐优秀课改论文，引导教师广泛阅读；教师们将理论与实践结合所得，或撰为论文，或记为"教育叙事"，或聚合为"问题"，发表在《双生长》校刊上；我创造性地开办了"双生长"论坛，论坛为每一位坛主制作明星小传，将其教学风采、人生履历、教研成果均收录其中，并用 Flash 的形式在大屏幕上播放，使教师获得认同与尊重，收获幸福与荣光。

我校建立激励性、发展性教师评价制度。明星教师、模范教师、名师诞生的方式，体现了"双生长"教育管理理念。学生对班级认同程度，对学科喜爱程度，对教师情感依恋、人格景仰、知识信奉程度，在他们对教师进行的过程性评价中显现出来，计分占评价比重50%；学校行政部门对教师科研成果、教研参与度、开展学生教育活动情况进行过程性评价，占评价比重20%；教学效果占30%。这样从根本上杜绝了教师故步自封，以挤占学生休息时间为榨取考试分数手段的落伍教育方式，调动了其研究学生、同学生"双生长"、走专业化发展道路的积极性。在集体备课制度、导师带徒制度、教师多元评价制度的不断落实下，在专业引领、同伴互助、个人反思新课程文化不断根植下，我校教师队伍呈梯队发展之势，中青年骨干教师大量涌现。这是学校发展、教育事业持续发展的有力保障。仅仅这两年来，我校有两名教师获"特级教师"光荣称号，30名教师获"局级名师""骨干教师"称号，6名教师在省优质课比赛中获得一等奖。

三、坚守理想，执着信念，倾注真情，乐于奉献，谱写生命的乐章，打造育人的殿堂。

这两天整理发言稿，翻出这三年来自己一个字一个字写下的学生活动演讲稿、家长会交流稿，"双生长"论坛讲座稿，而更多的是教研、德育、年级组、学科组、质量分析会、职工代表大会等各级各类会议发言稿和记录。一字一句都是心血，是思索，是向旧观念的挑战，是越过岩石和碱滩向教育理想跋涉的足迹。有时候是真的支撑不下去了。记得那一回高一学生思想出现第四次大的波动，几十名优秀学生想转往外地名校；个别教师因改革方案触及自身利益而多次找我谈心；家长联名反对开设他们看起来与高考关系不大的校本选修课……我忧心如焚，体力难支，却还要殚精竭虑，勉力应对。早晨我打开办公室大门，看到一封不知被谁塞进来的信。这是一位教师写的，信很长，有三句话我印象很深很深："感谢你，感谢你给校园带来生机和活力；感谢你给予我们信任和尊重；感谢你给我们带来福利！"语言朴实，却情真意切。那一瞬间，我满心的阴霾、一身的疲惫一扫而空，浑身充满了力量。这是生命的唱和，信念的守望，精神的力量！

我热爱教育，我热爱那些给予我们太多青春记忆又关乎民族未来的孩子们，为了他们，我愿意付出一切！记得三年前，我向上级领导打报告，申请拨款将老旧的实验室改造成整体实验室，将封闭、阴暗的图书馆改造成明亮、优雅的图书"借阅超市"，上级批复：因6所小学要建塑胶跑道，你校改建计划推迟一年。但看着学生渴望的眼神，我告诉自己：我可以等，但学生只有一个高中阶段，成长的生命，渴求丰盈的生命，不能等。我调动所有社会资源，上下求索，自筹资金36万元，投入改造工程。整整一个暑假，我和后勤主任坚守在施工一线，一天也没有休息，到结账时，施工超出预算，需要56万元。这20万元的缺口，急得我口舌生疮，寝食难安。最后还是多方奔走，才得以落实。

教育是激情对激情的感染，人格对人格的塑造，所以当我宣布后勤员工轮流值班，学校所有场馆节假日和平时课外活动时间向学生全面开放的决议时，没有一个后勤员工抱怨。一位老教务干事说："校长不谋一分一毫私利，揣赤诚廉洁之心，示仁爱忠诚之范，我们牺牲一点休息时间算什么呢？"我常常对中层干部和后勤员工说："学校要以教师、学生为双中心，我们俯下身子为教师服务、为学生服务，是为了把学校和学生的未来托举得更高。"

改善办学条件，全力拓展学生的生命空间，丰富教育内涵，是我们不懈的追求。目前，我校新课程改革在"课堂依托、制度保障、团队推进、科研提升"的运行机制中顺利开展。研究型课程每周三最后两节课开设，学生根据自身兴趣爱好、性格特点、家庭环境及社区特色等情况，自主确定研究课题，自主选定老师；无自定课题的同学选填教师提供的研究性学习参考课题。我校小班额教学为学生研究性学习的分组、课题选定、开展以及课题评价创设了良好的条件；学校投资40万元建立了通用技术教学基地，高一、高二年级每周开设一节课，由专任教师任课；学校根据行业、地域特色确定了采油队、钻井队、钻头厂、石油科技馆四个社会活动实践基地，并定期组织学生到基地参加活动；学校有文学欣赏、表演、书法、美术、机器人、毽球等12个学生社团，每周二最后一节课开展活动，学生社团成为学生增长知识、发展特长、陶冶情操的理想平台。近几年来，学生在各级各类报刊上发表文学作品200多篇；有12人次获全国、全省书法作品一等奖；有4人获全省机器人大赛第一名，有2人获全国机器人大赛金牌。

无论是办学理念的丰富，还是教师专业发展，最终的落脚点还是学生。学生是教育的出发点，也是教育的落脚点。我以深入学生、聆听学生的心声为快乐与天职。我每学期听课70余节，与学生谈话100多人次，许多学生的信息我都了如指掌。了解我的人都知道，我有一个观点，学生学习状态好的课堂就是好课堂，学生喜欢的老师就是好老师，学生普遍乐意接受的教育方式就是成功的教育方式。当学生经常给我发短信时，当学生主动找我谈心时，当学生见面向我问好时，我感到，在他们心里，我可能不是校长，而是他们的朋友。看到他们自信的笑脸，看到他们在舞台上活跃的身影，看到他们课堂上享受学习的状态，我感到无比幸福与满足。

"浪花有意千里雪，桃李无言一队春。"教改的浪花灌溉了青春的原野，让学生生命的花树恣意地生长。当教育不再是批量生产，而是对个性的尊重、灵魂的丰富；不再是单一的灌注，而是智慧的启迪、生命的体验；不再是单项的、封闭的，而是在各种人际关系的互动中和谐生长、动态生成，学生在增长知识、才干和能力的同时，生成与培植起个人的责任感、尊严感、正义感、幸福感……我们的学校，就真正成了学生生长的圣殿；教师与学生就在共同的生命历程中，一同收获了生长的喜悦，迎来了教育的春天。我们正在路上。

执着信念　崇尚科学
打造江汉教育的灿烂与辉煌
相信教师　服务学生
赢得江汉教育人的尊严与荣光
——广华中学校长竞聘演讲稿

尊敬的领导、亲爱的同仁们：

下午好！

非常感谢大家能够给我一个机会，来谈一谈我对教育的理解和对学校发展的构想。我衷心地希望，我的真诚与坦率不会辜负大家给予的宝贵时间和弥足珍贵的耐心与期待。

我发言的题目是"执着信念　崇尚科学　打造江汉教育的灿烂与辉煌　相信教师　服务学生　赢得江汉教育人的尊严与荣光"。

一、坚定信念，执着梦想，满怀激情为美好的愿景而奋斗

也许有同仁会笑话我，一个四十多岁的老男人，还用"梦想"这样的字眼，但我就是这样一个人。"教育""梦想"这些美好的字眼总是让我热血沸腾，让我充满了力量，让我步步坚实、百折不回地走向幸福的彼岸。

四年前，我就是这样满怀激情地赴任向阳中学。下车伊始，我便感到了沉重的压力。那时，2004年高考刚刚结束，应届生大文大理没有一个上重点线，新一届高一招生情况可想而知。高中部干部、教师都把子女送到外校读书。大家都知道：如果实验班招不到优质生源，高考不出成绩，实验班就办不下去，教师的品牌效应便不复存在，冲着这些教师来的学生家长，只要稍有经济实力，就会把孩子转到地方学校上"高价"班。实验班、校重点班保不住，学校关张是迟早的事。一时间，低迷之气弥漫校园。我印象很深的是一位优秀班主任忧心如焚地对我说："实验班就个把尖子，教师拼命撂，时间加汗水，疲惫不堪；普通班教师像坐在火药桶上，成天和那些无心向学的学生斗智斗狠，生怕出乱子，少活多少年！唉！学校怎么办得下去？"

怎么办？我有一个特点，任何事情发生，我愿意从积极的角度、用正面思维去看问题。找到积极因素后，就排除一切不利因素的干扰，坚定不移地寻找解决问题的突破口。于是，我利用各种契机从以下两个方面阐述我的观点：

1.2004 届高考成绩不理想，但上两届高考成绩可圈可点。所以我们要用各种方式——教师事迹报告会、家长开放日、家长会、班会、国旗下讲话……用各种渠道——校报、《江汉报》、电视、网络……不遗余力地宣传优秀教师，宣传学校成绩，重建社区人民对学校的信心。这一届新高一招生不理想不要紧，我们要引进外校名优教师，并从其他年级调入口碑好的中层干部、骨干教师来重组这一届教学班底，通过各项改革措施，让鲜活的课堂、良好的班风慢慢吸收生源回流。到了高三，再在招复读生方面做文章。这样高考准差不了。后来，事实证明，学校的高考成绩届届有亮点，年年创新高。招生无论是规模还是质量，都形成了良性循环。

2. 一所学校要在市场竞争中立于不败之地，必须正确定位，科学发展。根据生源情况，办出自己的特色和品质，这就是要致力于引领每一个学生有特色地成才，使学校呈现大文、大理创品牌，艺术、体育、传媒立特色的多元化发展趋势。高考要出名校生，因为这是关乎学校生存与尊严的头等大事。在此基础上，要坚决树立全面质量观，实验班的教师要从经验型、奉献型向研究型、专家型方向发展。同时，高考班要逐步形成优秀教师梯队，不能再停留在一届一套班子单打独斗的现状上，要大胆培养、起用、扶植、宣传新人。普通班要从尊重学生个性、人格出发，用生动的课堂、丰富多彩的文化活动改变学生生命质量，帮助学生发现自我，发展优良个性，增强人生信念，为成就幸福人生奠基。从人文的角度来说，学校就是要回归教育的本质，要将学校打造成一座充满梦想和希望的生命之城。从功利的角度来说，要让实验班为学校创品牌，立形象；用普通班为学校兴规模，树声誉。

这是我四年前为向阳中学制订的发展战略，也是美好愿景，这愿景会成为每一个向阳人心中强大的信念。这"信念"是一口气，只可聚，不可散。聚之则产生强大的动力，它引领我们一同走出恐惧的阴影和功利的阴霾，它驱使我们百折不回地去追求、去奋斗，并在这个过程中体验到教育者的幸福与自豪。

岁月的车轮悄然驶过四道辙痕，学校却已刻下太多美好的印记。在教师日益科学化、人文化的育人观念中，在日益生态化、高效化的课堂中，在悦耳的琴声中，在频传的捷报中，在日新月异的校园环境中，在一批又一批教师坚定、自信的步伐中……我感到了心灵的升华、价值的实现和莫大的幸福！其间经受的痛苦、艰辛、误解，甚至是屈辱都化作轻烟随风而逝！

近年来，我上北京、下深圳、走江浙、跑上海、赴中原、访夷陵……心中有一颗梦想的种子一天天扎下根，那就是期盼着江汉教育的顶梁柱——广华中学，能够成为荆楚大地一颗璀璨的名校之星！

可能又有同仁在心里笑话我的天真，我的轻狂，我的不切实际。

但这恰恰是最务实的梦想。

生源的萎缩、市场的竞争，使我们逐步陷入发展瓶颈。只有上下一心，锐意进取，创新精进，才能成功突围。不进取，不改良，任何大树也荫庇不了咱们。反之，我们每一个人吐故纳新，奋发向上，才能让江汉教育这棵大树根深叶茂，焕发生机。

"沉舟侧畔千帆过，病树前头万木春。"在改革的浪潮中，在残酷的市场竞争中，有多少学校没落消失，但仍有许多名校一路高歌，为后来者树立了成功的旗帜。

几代江汉教育人为江汉教育奉献了青春与热血、智慧与真情。如今依然坚守在这片土地上的江汉教育人都是一些安土重迁，把情感看得很重的人。孝敬父母，守护家人，眷恋友情，这些挥之不去的情结把我们和江汉教育紧紧联系在一起。"不进则退"，市场竞争是残酷的，进则扬帆向前，退则搁浅翻船。省级示范高中这块金牌，靠守是守不住的，必须走内涵式发展之路，这是所有名校成功的经验。只有把广华中学打造成荆楚大地上独树一帜、特色鲜明的名校之星，我们才能不愁生源，不愁待遇，才能不让这么多年的付出与守望付之东流，才能不被质疑，不被非议，才能拥有江汉教育人的尊严与荣光。

怎样找到发展的突破口？怎样将不利因素变为有利因素？我辗转反侧，忧心如焚。"知我者谓我心忧，不知我者谓我何求。"我真真切切体会到了幽思者的沧桑。我深深知道，如果不在短期内遏止优质生源外流的现象，广华中学很难走上良性发展的道路。如何遏止？难道短期内就能出北大、清华的名校生？谁都难以保证。因为这不是一场教育"赌博",不是一蹴而就的事情。

怎么办?轻言放弃,不是我的性格。我积极探究许多名校崛起的道路,深入了解后时常惊出一身冷汗。我们过去陷入了太大的误区,很多家长或教育管理者都误以为,一所学校把教师管住了,教师把学生管住了,就有成绩;有了成绩,生源就有了。其实这种模式早已不能适应时代的发展和形势的变化了。高中名校首先要具备的是强大的市场运作能力。这就是形成特色,打造品牌,创造招生亮点。如濮阳一中最初出名是在艺术上出了北大、清华生,学校加强宣传,艺术方面形成了规模,学校有了经济效益、名校效应,下一步发展就水到渠成了。夷陵中学走多元化发展道路,不仅办好文、理科,艺术、体育、传媒生也散放于相应文、理科班,并办好国际部,学校资金不愁,生源不愁,步入规模化发展、良性化发展的轨道。

优质生源和名校生,是鸡生蛋还是蛋生鸡?教育没有品质,教育没有内涵,有鸡生不了蛋,有蛋也孵不成鸡。我们不愿再停留在怀疑和抱怨上,而是一定要找到突破口。

第一,我们要同相关部门联合办好广华中学国际部。这也正好与我们集团未来的外国语学校接轨。油田有太多家长不怕多花钱把孩子送往外地读书,太多的学生也只是花了冤枉钱而已。我们要做好宣传,办好国际部,学生考上国外名校,我们便可大力宣传。因为很多国外名校,在国际上排名远在清华、北大之上。两年之内,有些小语种只要达到一定的学时，使语言初步过关，具备高中学历，不需要太高的高考分数，也不需要太贵的学费，就可以到相关的外国名校就读。这为我们另辟蹊径，提供了可行的通途。第二，在现有生源条件下，充分挖掘艺术生精品名校资源。在文化基础知识扎实的前提下，选送部分艺术考生上清华美院委托培养。从冷门专业美术学方面求突破。第三，充分发挥竞赛辅导优势，让竞赛免试保送、自主招生，以及国防生、飞行员招生成为学校的常规亮点。学生有了好出路，便可吸引外流的优质生源回流，并逐渐遏止生源外流现象。优质生源外流现象控制住了，我们出名校生的概率就大大提升。学校有了良好的口碑、招生的亮点，何愁没有发展？

我不是在天方夜谭，也不是在画饼充饥。我以一个江汉教育人的全部尊严和荣誉庄严宣誓，只要给我机会，我就是蜕几层皮，也要办成、办好这几件事！

市场定位找准后，下一步就是要制定可持续发展的战略。没有正确的战略，有再好的战术，我们也只可能赢得某些小的战役，但我们会输掉整场战争。因此，我们要坚决树立全面质量观，从时间加汗水的外延式扩张转为科学、高效、生态的内涵化发展方向。唯其如此，我们的教育才能有业绩、有品质、有口碑、可持续。

二、相信教师，尊重教师，用人性化的管理引领教师做一个幸福的、荣耀的教育人

教师是学校教育力量中最为活跃的因素，学校的教育目标和一切教学活动都要通过教师才能得以实现和完成。教师是办学的主体，是学校各项工作的生力军。上个月的中原之行，我印象最深的是濮阳油田一高的赵校长对我说的一句话："校长就是要做教师的'奴隶'。"

说得多好啊！但许多学校却反其道而行之，把教师变成了学校的奴隶，分数的奴隶。教师带着沉重的压力超负荷地工作，却常常受到来自社会、家长、学生、学校的种种指责和非难，哪里还能享受到教育者的幸福与愉悦？"上善若水，水善利万物而不争。"我们的教师是清高的知识分子，很难为自己争辩、争取。我们做校长的就要尽一切努力去为教师争取理解，争取待遇，争取荣光！我常说："我就是要俯下身子把我们的教师抬得高高的，要跳起脚来为教师争取应有的利益。让教师们头上有光环，心中有温暖，自豪地穿行于社区、校园！教师有荣光，学校有荣光，我就有荣光！"

要呵护并最大限度地调动教师的工作积极性，营造宽松和谐、积极向上的校园文化氛围，创设使教师拥有满足感、归属感的工作环境。首先需要建设一支公正廉洁、锐意进取、全心全意为教师服务的领导班子和中层干部队伍。如果一个领导班子处事不公，或与民争利，就会使团队离心离德，丧失战斗力。在油高工作近五年，为改善校园环境和为教师谋福利，我多方奔走，利用自己可以利用的一切人脉，自筹资金 100 多万元，全部用在改善学校建设和教师福利待遇上。记得一位重视教育的领导答应拨款 20 万元改造阶梯教室，但完工后超支

36 万元。那一年春节，我和后勤主任为了这没有着落的 36 万元，急得上蹿下跳，口舌生疮。但看到孩子们在修缮一新的阶梯教室、图书室、整体实验室中成为知识的探索者，我感到由衷的喜悦。学校的一切教研教改工作、一切教育活动，领导班子都是全程关注、积极参与，但我们总是把补助和奖金都发给教师们。我总是对领导班子说："我们要把每一个铜板都花在教师和学生身上。有了好的教师队伍，学生才能得到好的发展；有了学生的发展，才有学校的发展。"无论和谁搭档，我们之间从未红过脸，闹过意见。我满腔热忱地希望大家成为爱读书、爱思考的人，成为改革的先行者，成为全心全意为教师办事的服务者。我带头参加了新课程标准培训，完成了规定的学时和作业。我坚持阅读中外教育书籍和各类名著名篇，从卢梭到杜威，从马卡连柯到苏霍姆林斯基，从肖川到朱永新，从王小波到周国平……我喜欢读一些对我有帮助与启迪的书。与大师对话，与巨人握手，是对我灵魂的一次次浸染、洗礼与升华，使我对教育有了全新的认识，对管理有了更深的感悟，对教改有了一些独立的思考。思考诉诸笔端，于是，也有了多篇论文发表在各级各类刊物上。其中《关注生命状态　促进终身发展　回归教育本质》一文被收入《湖北省名校长办学思想录》，并获得湖北省名校长全省征文一等奖，同时被《中石化教育》转载。《尊重个性　升华人格》一文，发表在省权威杂志《湖北教育》上。我还号召领导班子一定要做教师的贴心人，工作上给予教师信任和帮助，生活上无微不至地关心教师及其家人。多少年来，教师家里大事小情，我们事事悬心；婚丧嫁娶，我们场场必到；若人不能到，话要带到，情要带到。教师家里有老人去世了，无论多远，学校都要派人派车帮着料理。我喜欢，我愿意把教师们当成自己的亲人去对待。去年大雪封山，一位老教师父亲去世，我们冒着危险前往奔丧，被围困四五日才平安返校。

有些学校管理者，把太多的精力放在对教师的严格管理、定期检查和定性评价上，使得许多教师疲于奔命。试想，一群精神疲倦、心理焦虑的教师怎能带出一批生机勃勃、雄心万丈，为美好理想而奋斗，不考上名校誓不罢休的学子？！所以，一个真正有智慧的好校长，一个合格的教师服务者，首先要给予教师的是尊重与信任。我是普普通通的基层教师出身，我特别能理解教师，特别能够从善如流，愿意倾听教师的心声，认同教师的感受。从事管理工作十多年来，我一直坚持教师弹性坐班制，坚持不查教师的岗。因为我相信教师的责任心，更希望教师在一个相对宽松的管理空间中能够自我调节，防止身心的疲惫，以良好的精神状态去面对需要我们付出创造力和激情的教育工作。

我建议广中像濮阳油田一中和夷陵中学一样，实验部坚持不分快慢班。这样，不人为地把教师和学生分为三六九等，对学生和教师一视同仁，给教师以充分的尊重和信任，认可教师的辛劳和创造性劳动，引领学生树立人生的信念。使每一位教师、每一个班级都有目标和机会，每一个学生和家庭都有希望。这样既有利于调动师生的积极性，也有利于教师梯队的建设和学校良好口碑的形成。只有这样，我们的学校才能和谐地、向上地发展，才能得到更多师生和社区人民的支持。

教师不是蜡烛，不应被点完耗尽；教师不是春蚕，不应作茧自缚。而应同学生一同"双生长"。这就是我的教育管理理念。在为教师专业化成长道路服务的过程中，我不喜欢用"管理"和"培训"这两个字眼，而喜欢用"引领"和"关注"这两个更具尊重意味的词。我们与时俱进地建立了充满人文气息的教师评价体系，变鉴定性评价为过程性评价和发展性评价，引领教师主动地、心悦诚服地逐步提升自己的教育教学水平。

本学期，我创造性地开办"教师发展论坛"，教师们可根据自己的特点开坛授业，可以分享教研成果、教学经验，也可以展示自己的人生阅历、阅读心得。我们为每一位登坛开讲的教师精心制作海报、名家小传，让他们感受到徜徉在精神领域中的快乐、幸福与荣光。"教师发展论坛"像一枚神奇的石子，激活了学校的教研教改工作，激活了教师们终身学习的信念，激活了潜藏于每一个人心中的追求职业成就感、荣誉感的美好愿望。我们将继续为教师专业化成长不遗余力地搭建平台，将"引领"与"关注"落到实处。比如我要让教师个个开教育博客，人人著书立说，80%的中青年教师学历层次上一个台阶，常识水平有飞跃发展。我们要善于发现每一位教师的优势和特色，为每一位教师做好宣传，要让学生、让社区感到我们每一位教师都自成一家，各有高招。只有这样，我们在用人和管理上才不会捉襟见肘，被动挨打，而是游刃有余，自信满满。

教师是文化层次及自身修养较高的群体，尤其是咱们广华中学的教师，是咱们江汉教育的精英，是特别优秀的群体，是我们江汉教育人的骄傲。我们要充分尊重教师的人格尊严，尊重教师的劳动，让教师感到"骄傲"，感到被尊重，感到被重视。对学校的管理要让教师有知情权、参与决策权、评议监督权，让教师真正成为学校的主人。更要让教师享有学术上的自由话语权，专业上的发展权。领导不是万能的，领导也不都是内行，在教学活动中，要在与时俱进的前提下，给教师充分的自主权，鼓励教师建立自己的教学思想，支持教师进行教改实验，形成自己的教学风格。时时激励人、唤醒人，及时发现人、成就人，树立典型，推广经验，让教师时时刻刻感到精神创造的愉悦。我有这样的心愿，也有这样的信心，要把广华中学建设成出经验、出成绩、出名优教师、出优秀管理干部的集团人才基地。

三、相信学生，服务学生，用科学与创新的精神把广中打造成一座充满生机与活力的希望之城、明星之城

毫不讳言，近年来，我们的发展遭遇到了生源危机：部分优质生源招不进来，招进来又留不住。是我们的教师业务能力不强吗？千古奇冤！

是我们的教师不负责任吗？冤乎其冤。我愿意很理性地分析这个问题，并希望本着实事求是、迎难而上的精神，寻找解决问题的突破口。

原因一，我们很久没有出北大、清华这样的名校生了，使学校丧失了品牌效益。这实际上是结果，不是原因。

原因二，学生处于青春期，有强烈的自我意识，对外面的世界充满了好奇心，再加上家长的盲目攀比心理和缺少对油田教育的正面认识，导致生源不断外流。所以从很大程度上来说，学生对油田教育的挑剔不过是"欲加之罪，何患无辞"罢了。教育是一个系统工程，当然还存在其他深层次或浅层次的原因。

我们应该怎么办？

如果我们继续把工夫下在把教师和学生统"死"管"死"上，那就愈发和留住优质生源的初衷背道而驰了。我们真正应该做的是，研究学生的心理需要，尊重学生的认知规律和生长规律，还学生自主的权利和空间，培养学生自主的习惯和能力，让学生在教育生活中享受到生长的愉悦和成功的快乐，从而使学校对学生更具吸引力，也更富有生机和活力。促使学校从外延化发展，向内涵化发展转轨，走上可持续发展的道路。

1. 采取有力措施，还学生自主的权利和空间。我们可以像夷陵中学、濮阳油田一中等众多的名校一样，变每节课为 40 分钟，现代中学生一堂课的注意力已很难坚持 45 分钟，这样一来就可以匀出一节课的时间让学生自理。晚自习坚决不讲课，学生自理，并可向教师提问。用集体备课后的学案设计引领和突破学生自理的难点。唯其如此，学生才可以从被动学习、消极怠工的疲劳战中解放出来，自我调节，自我管理，自我提升，成为学习的主人。

2. 对学生的学习进行科学有效的管理。以往那种过于依赖师生双方的时间加汗水的教学管理方式，已越来越难以得到家长和学生的认可。更何况高中的教学管理与初中的教学管理有很大区别。初中生多动好奇，课程浅压力小，重在管严和落实。但对于内容深、范围广、能力要求强的高中课程，不建立科学正确的教师观、学生观，不引领学生在自主学习中形成知识的建构，一旦陷入教了忘、忘了教的循环往复中，是很难在高考中有竞争优势的。所以，我们要优化教学机制，调整教学策略，抓好"三个三分之一"。第一个三分之一，抓好课堂教学，深化课堂教学改革，使其既具有生机活力又科学高效，在集团教科所的指导下，我们创建的"生态高效课堂"教学模式，值得借鉴，符合科学发展观，契合新课标背景下的课堂改革，能够推动学校又好又快地发展。第二个三分之一，还学生自主学习时间，但"自主"并不是放任，教师对学生的自主学习要做到目标激励、过程管理、检测反馈。同时，教师要营造积极向上、民主和谐的教学氛围，让学生自学的过程始终伴随着成功与发现的愉悦、自我管理、自我超越的自豪以及探究、质疑、交流的快乐。第三个三分之一，是抓好作业和效果检测的落实。后两个"三分之一"是第一个"三分之一"的延续和拓展。所以,教师应逐渐从教学的设计者、灌注者,转变为学生学习的引导者、组织者、服务者。我想,后者会更睿智,更高效,更轻松,更愉悦。

3. 充分利用自主教育的平台,引领学生有特色、有成效地发展。

有了自习课和晚自习不讲课的措施,教研活动有了时间,竞赛辅导、学案预习、培优补差,国际部学生加强外语学习以及其他活动课也都有了时间,学生能够根据自己的需要和实际自主安排学习计划。

竞赛辅导必须下大力气抓。对竞赛辅导要高度重视,加大投入,抓之得法,重奖成果。广华中学有强大的竞赛辅导班底,竞赛辅导完全可以成为学校的亮点和特色。学校还可以定期举行学科竞赛,让有特长的学生有展示才华的平台,学出一份自信,学出一份快乐与成功。偏科的学生可以利用自理时间加强弱势学科的学习,使学习和备考更有针对性和实效性。

我们还将建立"客座辅导"制度,每天派出"专家门诊",让学生充分享受优质教育资源,并促进其勤学精思、好奇好问的优良个性的形成。有了这样自主发展的空间,相信我们会像以自主学习为特色的濮阳油田一中那样,名校生、一本生、保送生名额大幅度上升。

此外,我呼吁义务教育阶段要大力营造良好的教育氛围,广泛开展教学研究。在教学策略上,提早重视外语学习,增加语文课外阅读量,充分利用"五四"学制的优势,强化数学学习。强调对学生学习兴趣的激发与保护，在各种学习活动中培养能力，开发智慧。因为，北大清华生不是仅靠三年高中培养出来的。

自主教育是一种科学的理念，更是一种文化。当学生的学习主动性、积极性被充分调动起来，学生的锐气、霸气、豪气被激发出来，那将是何等的令人欣喜！那位成功登顶珠峰的女企业家，她有句话给我的启迪颇深。她说："登山的确很苦，很多人都是以一种'熬'的状态来对待。而我之所以能够挑战极限，是因为我在享受这个过程。"教育有三重境界，即接受教育、感受教育、享受教育。

享受过程就是我们孜孜不倦追求的办学境界。我们要从课堂改革入手，从打造一流的德育队伍入手，从建设优秀校园文化入手，让学生高中三年享受学习，享受生长。杜威说过："教育即生长。"而我所提倡的"双生长"（学生生长与教师生长），也正是对于此的引申。当我们的教育体现了对生命的尊重、对智慧的启迪、对灵魂的丰富、对终身发展的促进，我们不仅给予了学生生长的力量，我们自身、我们的江汉教育也就获得了强大的生长力量。

亲爱的同仁们，班门弄斧，我已讲得太多。我喜欢美国作家凯鲁亚克的一本书，名字叫《在路上》。我们江汉教育人正行走在路上，我们付出了艰辛，奉献了智慧，我们有理由向着幸福和荣光再一次出发。我反复问自己，在这新的征程中我应该和能够扮演什么样的角色。我想我会以最科学、最审慎的态度为大家找到前行的向导，因为只有相信科学我们才能事半功倍，举重若轻。我将以极大的热忱和顽强的毅力为学校铺设一座座沟通的桥梁，只有这样，我们才能得到社会各界的扶植、社区和家长的信任、集团上下的支持，我们才能具有强大的生存能力。我会将尊重与关怀作为我唯一的财富，与大家共享，让它变为唤醒激情与智慧的伟大力量。

如果能够得到大家的信任和支持，我愿与大家一路同行，去争取江汉教育人应有的幸福和荣光！如果，我没有这样的荣幸，我也感谢这次分享和学习的机会，我也同样相信广华中学在一批批学养深厚、自成一家的老教师，经验丰富、年富力强的中年教师，才华横溢、激情满怀的年轻教师的共同打造下，一定能够创造新的辉煌。我期待着！

谢谢大家！

2008 年 12 月

— 附录 —

吴先知：
教育应培养"富贵灵魂"

在地处湖北潜江的广华中学，校园贴吧里曾流传着这样一个段子：学生在上学路上遇到一位老人摔倒了，到底扶还是不扶，引发了学生们的热烈讨论。

据说这件事传到校长吴先知耳中，他说了一段被学生"疯传"的话：你是广华中学学生，当然要扶，他如果讹你，我们全校师生为你捐款，老师们陪你上法庭应诉！

这件事因年深日久已难以细考。但学生们都言之凿凿地说，校长肯定说过这话，这太符合他的性格了。

在广华中学，校长吴先知"人气"颇高。他走在校园里，远近的学生都纷纷冲他喊"校长好"。每一次校园集会，学生们最爱听吴先知讲话，他从不说套话、空话，他激情而铿锵的即兴演讲时常引发雷鸣般的掌声。

学生为什么如此喜欢他？吴先知笑道："可能是我很善良吧，我对每一个学生都很好。"仔细想了想，他又郑重地说，"教育不能仅仅盯着少数几个考上北大清华的学生，而是要回归教育的本质，培养学生丰富而高贵的灵魂。"

"学校不是农场、砖厂，办学理念要有教育味儿"

2009 年初，吴先知通过竞聘走上广华中学校长岗位，一上任就赶上大事：省级示范中学复评。

拿什么去迎接复评？吴先知经过认真思考，选定了一件头等大事："我带着中层干部和教师团队，把学校的办学文化、教育理念、管理机制等进行梳理，做了重新定位和拓展。"

学校原来的办学理念是"求实创新·和谐发展"。这个理念当然也不错，但在吴先知看来，学校的教育理念一定要符合学校的定位，而不是"放之四海而皆准"。"学校不是农场、砖厂，你的办学理念要有教育味儿。"

从自己喜欢的学者周国平的文章里，吴先知找到了几个关键词，经过和教师们讨论，重新确立了学校的办学理念——"尊重生命·启迪智慧·富贵灵魂"。在此基础上，对学校的校训、培养目标、教育教学文化进行了整体的改造。

第二年，学校顺利通过了省示范高中的复评。据说，有省督导室专家曾站在学校的校训石前赞赏地说，一看这校训，就觉得这是一所文化底蕴深厚的大学校。

校训石上镌刻的是"下学而上达·先忧而后乐"。这是吴先知经过深思熟虑提出来的，前半句语出《论语》，后半句出自范仲淹名作《岳阳楼记》。从此，每一个广华中学毕业的学生，都自豪地把这两句话印在心上。

令记者感到惊奇的是，吴先知其实是物理教师出身，但喜爱读书的习惯赋予了他浓浓的人文情怀。

广华中学地处江汉油田，原是一所油田子弟学校，生源有限。近年来随着地方办学条件的改善，这里的先发优势业已不再。但在吴先知任下，学校教育教学质量却持续走高。

更重要的是，这所学校虽然硬件变化不大，但它的教育明显变得更有深度、更有厚度，学校也显得更"大"了。

这样的内涵变化，都基于学校围绕育人目标，在课程建设上的一系列新做法。"学校教育要培养具有正确价值取向、有自控力和学习力的人，而不是精致的利己主义者。"吴先知说。

为此，学校改革既有的课程，经过整合与创新，推出了基础型、拓展型、研究型三类课程。

在基础型课程中，教师们对国家课程进行校本化实施。吴先知提出，课堂教学必须关注两点——激趣、启智。"课堂教学无论怎么改，一定要激发学生的兴趣，引发他的思考，否则教师讲得再好都是没用的。"他说。

研究型课程涵盖了学校的研究性学习和综合实践活动，学生们打破课堂界限，走出校园，研究石油生产与环境保护的关系，考察南水北调对汉江下游居民生活的影响。

而吴先知尤为看重的，则是学校的拓展型课程，因为这才是真正基于每一个学生个性成长的课程。

每天下午第二节课后，就是学生们参与拓展型课程的时间。面向那些学有余力的学生，学校在数、理、化、生、信息学等学科开设了大学先修课程。学生们走班选课，奔赴各个实验室、专用教室，在教师指导下深入探究。这些学生在每年的全国学科竞赛、大学自主招生中大显身手。

对于大多数学生，学校开设了体音美、大阅读、摄影、演讲、书法等更多拓展型课程。"每个学生都能找到自己感兴趣的课程。一到下午三四节课，整个校园就变得热闹非凡。"副校长王东亮说。

这样充满活力的校园，不仅学生喜欢，吴先知也感觉很舒畅。喜欢踢足球的他常常会组织老师们和学生踢友谊赛，他披挂上场踢前锋。每当这一刻，欢腾的操场上，很难分清谁是学生谁是老师。

"不要眼里只有高考，要教学生把书读厚了"

2016 年 4 月，在香港举行的第十一届全国中学生作文大赛中，广华中学学生杨哲成经过知识测试、现场作文、即兴演讲等环节脱颖而出，获得"文学之星"桂冠。第二年，这个有个性、有主见的孩子被保送北京师范大学，读了自己喜爱的哲学专业。

令人惊奇的是，近年来广华中学俨然涌现出了一个"小作家群"，学生连续 5 届在全国中学生作文大赛中获奖。这样骄人的成绩既让同时参赛的省内外名校"耿耿于怀"，也充满了好奇：这个生源有限的学校怎么会如此厉害？

究其原因，这首先得益于学校良好的阅读氛围。广华中学藏书丰富，但学校没有把图书束之高阁，而是为各班配备了图书柜。同时，学校倡导，每个学生每学期至少要阅读 20 本图书，三年下来就是 120 本图书。

但更重要的是，学生们的文学才华和精神成长，都与学校开设的一门拓展型课程——大语文阅读有着密不可分的关系。

在吴先知眼里，大语文阅读课不仅仅是语文学科的拓展，还是学校最重要的一门拓展型课程，既有益于学生各门学科的学习，也是在教学生做人。

一门语文学科的拓展型课程，被校长置于这么高的地位，老师们起初都有些想不通，其中还包括不少语文老师。为此，吴先知曾经和学校的老师们进行了一场相当长时间的"论战"。

别看吴先知是教物理的，说起语文教学来也头头是道："教一节《沁园春·雪》，你不能教了一个星期还停留在字词分析和赏析，这些一两节课就够了。更多的时间，你要找出毛泽东其他的诗词，还有同时代和他唱和的作品，让学生在比较阅读中开阔视野。"

"我一开始不理解，以为校长是要让学生拓展阅读的范围，后来才知道我想错了。"语文教师郑凤梅坦言，"大阅读之大，是要有大胸襟。"

用吴先知的话说，就是"不要眼里只有高考，要教学生把书读厚了"。他一向主张，课本只是个蓝本，教师不能只满足于教那几本教材，而是让学生在广博的阅读中与大师对话、与经典对话，提升人文素养与人生智慧。

如今，同样是一门大语文阅读课，慢慢开窍的教师们创意无限，开发出了读书报告会、演讲与口才、话剧等丰富多彩的课型。

采访期间，正赶上其中一节读书报告会。讲台上，学生张鑫尧正在分享他阅读钱穆《国史大纲》后的感受。

难以置信，这样一个少年人居然会捧起大部头的人文经典，不仅读进去了，而且读出了自己的心得。谈及初衷，张鑫尧说，正是在一次关于西南联大的专题阅读中，他认识了钱穆，带着好奇开始阅读《国史大纲》，越读越入迷。

"孩子们的阅读兴趣很广泛，他们不仅读文学，而且读哲学，读历史，读心理学，甚至是读科学书籍。"郑老师介绍说。

有一件事让郑老师印象深刻。班里有一个女生喜欢高等数学，在大阅读课上经常读数学专著。怕老师批评，女生故意包上流行小说的书皮。郑老师发现后并不点破，一次读书报告会，她有意安排该女生报告，分享数学之美。受到激励的女生从此也喜欢上了语文。

这也就不难理解，学校为什么会涌现"小作家群"了。显然，正如郑老师所言："通过大语文阅读课，学生收获的是远比分数和升学更重要的东西。"

"没有教师成长，我浑身是铁也打不了几根钉子"

就在前不久，喜讯传来，广华中学教师曹军亭、刘玉霞同时被评为湖北省特级教师。一所学校一次性诞生两位特级教师，这也是不多见的佳绩。

教师们走上名师成长之路，是吴先知作为校长倍感自豪的事。在广华中学，不仅学生成长屡创佳绩，而且教师们也用优异的专业素养实现了快速发展。

"教育即生长"是吴先知在阅读杜威的著作时获得的重要启示。在他看来，这句话包含了两重含义：学校教育要实现学生和教师的共同成长；两者相辅相成，互为因果。

为此，吴先知在广华中学提出"双成长"理念。"光有学生的成长，没有教师的成长，我就是浑身是铁也打不了几根钉子。"这是他常说的话。

像许多好学校一样，广华中学有着优良的师德师风，但同时也不乏有能力、有个性的教师，怎样因人而异，为每位教师的发展提供适合的平台，也是吴先知常常思考的问题。

青年物理教师沈冬冬，毕业于华中师范大学，满怀憧憬来到广华中学任教。原以为教中学游刃有余的他，没想到在班级管理上遇到许多问题。到底怎么回事？他有些沮丧地来向校长请教。

对这个上进心强的年轻人，吴先知十分欣赏，同时也明白他急于出成果的心理。"你的每一项教育活动啊，都要遵循'知情意行'的原则，这四个字缺一不可。"吴先知笑眯眯地说。

什么是"知情意行"原则？沈老师有些不太明白。吴先知接着说："你看，你不能只给学生讲道理，学生光有认知，没有体验，就变成了说教。同样的，你也不能只让学生体验，没有认知，那样很可能变成了体罚。"

到底如何做到"知情意行"呢？学校一年一度的成人礼就是最好的范例。每年高三毕业前，学生们要一起跨过成人门，校长和老师在门外等候，迎接他们的是鲜花和掌声。但这还没完，接下来，他们还要背着父母，走过一段满是荆棘和泥泞的路。

"我们希望学生能明白，人生路上不光有鲜花和掌声，还有荆棘和泥泞，还有要担负的责任。"吴先知意味深长地说。每一年的成人礼，学生们哭得稀里哗啦。哭过以后，他们也明白了，今后该怎么做。

就是通过这样的教育活动，沈老师逐渐明白了，如何在教育中倾注更多智慧与创造，让自己和学生一起成长。如今的他已经成了学校的青年骨干。

在广华中学真诚、和谐的发展氛围中，教师们对事业的热爱被充分激发，都在各自的位置上找到职业的价值，实现新的成长。

已经有 26 年教龄的刘玉霞，既是学校的生物首席教师，也是一位善于智慧育人的班主任。上级曾有意提拔她去其他学校担任学校校长，但她经过慎重思考，婉言谢绝了。在她看来，自己最喜爱的地方还是讲台。"做一名专家型的教师是我的职业追求。"她说。

就这样，扎根讲台，刘玉霞所带的多届班级教学成绩优异，多名学生的高考成绩在全市名列前茅，她指导的多位青年教师也先后获得省优质课比赛一等奖。去年，刘玉霞不仅被评为省特级教师，还成为正高级教师和市"五一劳动奖章"获得者。

这一切都让吴先知看在眼里，喜在心里。在广华中学，教育正如水乳交融一般，在师生的共同成长中一天天地变得更加美好、更加生机勃勃。

（中国教育新闻网　记者白宏太）

图书在版编目（CIP）数据

三力教育：一个中学校长的坚守与探索 / 吴先知著
. -- 武汉：崇文书局，2023.2
　ISBN 978-7-5403-7126-5

　Ⅰ．①三… Ⅱ．①吴… Ⅲ．①中学教育－文集 Ⅳ.
①G63-53

　中国国家版本馆CIP数据核字（2023）第021022号

责任编辑：刘雨晴
责任校对：董　颖
责任印制：李佳超

三力教育：一个中学校长的坚守与探索
SAN LI JIAOYU YI GE ZHONGXUE XIAOZHANG DE JIANSHOU YU TANSUO

出版发行：长江出版传媒｜崇文书局
地　　址：武汉市雄楚大街268号C座11层
电　　话：(027)87677133　邮政编码　430070
印　　刷：武汉邮科印务有限公司
开　　本：880mm×1230mm　　1/32
印　　张：8
字　　数：140千字
版　　次：2023年2月第1版
印　　次：2023年2月第1次印刷
定　　价：68.00元
（如发现印装质量问题，影响阅读，请与承印厂调换）